라인강이 내게 말하는 것

아버지, 라인강!
독일인들은 라인강을 아버지로 부른다.
독일인들은 라인강의 아들과 딸이다.

자전거 여행은 자동차나 기차 여행과는 그 맛이 다르다.
다소 시간이 걸리고 번거롭기는 하지만
자전거로 여행하며 낯선 곳에서 단 하룻밤이라도 보낸다면
평생 잊지 못할 추억이 될 것이다.

※ 본 도서에 있는 사진은 필자가 직접 촬영한 것입니다.

라인강이 내게 말하는 것

초 판 1쇄   2022년 06월 28일

지은이 금창록
펴낸이 류종렬

펴낸곳 미다스북스
총괄실장 명상완
책임편집 이다경
책임진행 김가영 신은서 임종익 박유진

등록 2001년 3월 21일 제2001-000040호
주소 서울시 마포구 양화로 133 서교타워 711호
전화 02) 322-7802~3
팩스 02) 6007-1845
블로그 http://blog.naver.com/midasbooks
전자주소 midasbooks@hanmail.net
페이스북 https://www.facebook.com/midasbooks425
인스타그램 https://www.instagram.com/midasbooks

© 금창록, 미다스북스 2022, *Printed in Korea.*

ISBN 979-11-6910-037-3 03920

값 17,500원

자전거와 함께한 독일 인문역사 기행

# 라인강이
# 내게
# 말하는 것

**금창록** 지음

미다스북스

Rhein

# Deutschland

뒤스부르크 Duisburg

뒤셀도르프 Düsseldorf

쾰른 Köln

하이스터바흐 Heisterbach

본 Bonn 논넨베르트 Nonnenwerth

지벤게비르게 Siebengebirge 레마겐 Remagen

륀도르프 Rhöndorf

노이비트 Neuwied

코블렌츠 Koblenz

보파르트 Boppard

잔크트 고아르스하우젠 St. Goarshausen

오버베젤 Oberwesel 로렐라이 Loreley

바하라흐 Bacharach 빈켈/가인젠하임 Winkel/Geisenhein

뤼데스하임 Rüdesheim

아스만스하우젠 Assmannshausen 마인츠 Mainz 에버바흐 Eberbach

보름스 Worms 만하임 Mannheim

슈파이어 Speyer

스위스 산속에서 발원해서 독일의 서부지역을 흘러 네덜란드를 거쳐 북해로 합류하는 라인강은 독일의 대표적인 강이다. 커다란 화물선이 수시로 떠다니고 주변엔 많은 도시들이 밀집되어 있기에 독일 경제와 산업의 중요한 축을 이루고 있다. 라인강 주위에는 볼 것도 많다. 오래된 성곽과 언덕 위의 포도밭, 굽이쳐 흐르는 물줄기가 어우러진 중류 라인 계곡의 풍광은 독일에서 으뜸이다. 독일을 처음 방문하는 우리나라 관광객들이 가장 먼저 찾는 로렐라이도 라인강변 언덕에 있다.

라인강은 경제적, 지리적으로도 중요하지만 독일 사람들에게는 단순한 강 이상의 의미가 있다.

아버지, 라인강! 독일인들은 라인강을 아버지로 부른다. 독일인들은 라인강의 아들과 딸이다.

하이네는 그의 서사시 「독일. 겨울동화」에서 프랑스 망명생활을 마치고 독일 국경을 들어서며 아버지 라인에게 인사를 전했다. 그러자, 라인 강은 화답했다. '어서 오너라, 내 아들아. 나를 잊지 않았다니 기쁘구나. 13년 전부터 너를 보지 못했구나.'

아버지 라인강은 타지에서 고향으로 돌아오는 자식을 따뜻하게 맞이하고, 이 세상에서의 마지막 길도 배웅한다. 현대 독일의 기틀을 닦은 아데나워 총리, 독일 통일을 달성한 콜 총리의 장례식 마지막 부분은 라인 강의 배 위에서 거행되었다. 두 정치인은 라인강 배 위에 누워 아버지께 작별을 고했고, 아버지 라인은 세상일을 훌륭하게 마치고 귀천하는 아들을 위로하고 천상의 평강을 기원했다.

아버지 라인강은 때론 독일, 혹은 독일 민족 그 자체로 상징되기도 한다. 18세기 독일의 대문호 슐레겔은 라인강을 독일 역사의 초상, 독일의 형상이라고 했다.

19세기 초 신성로마제국이 해체되고 독일 민족주의의 깃발 아래 독일 인들이 독일적인 것을 찾고 부르짖을 때 라인강은 독일의 상징으로 충실 히 기능했다. 낭만주의 시인들은 라인강변의 마을을 돌아다니며 독일 민 요를 수집했고, 정치인들은 라인강가 선술집에 모여 독일의 정체성과 장 래를 논했다. 독일인들이 자랑하는 대표적인 악극인 바그너의 〈니벨룽겐의 반지〉 첫 번째 이야기는 '라인의 황금'에서 시작되었다.

라인강은 유럽의 양대 강국 독일과 프랑스 간 패권 다툼의 최전선이기도 했다. 라인강을 차지하기 위해 치열한 각축전이 벌어졌다. 독일인들은 라인을 지배하는 자가 유럽을 지배한다고 믿었다. 라인강을 숙적 프랑스에 빼앗길 수는 없었다. '칼을 뽑을 수 있는 손이 하나라도 남아 있는 한, 총을 들 수 있는 팔이 하나라도 붙어 있는 한' 적과 싸워 이겨야 했다. 독일은 프랑스와 전쟁에서 승리했고 1871년 통일되었다. 라인강 언덕에 통일 기념비가 세워졌다. 여신 게르마니아는 한 손에 긴 칼을 들고, 또 한 손엔 왕관을 들고 독일의 승리를 축하하고 있다.

히틀러는 노르망디 상륙에 성공한 연합군의 동진을 막기 위해 라인강의 다리를 일제히 파괴했다. 파괴되지 않은 라인강에 마지막 남은 레마겐의 다리가 미군 수중에 떨어지자 독일군은 다리를 없애기 위해 총력을 다했다. 2차대전 후 서독은 폐허를 딛고 일어나 놀랄 만한 경제 발전을 이룩했다. 세계인들은 이를 '라인강의 기적'이라고 부른다. 루르공업지대가 위치한 라인강을 중심으로 주변의 크고 작은 도시에서 활발한 경제 활동이 이루어졌기 때문에 이러한 이름이 붙여졌다. 거대한 화물선들이 강을 통해 상품과 원자재를 손쉽게 운반해 물류비용을 절감했고, 북해를 통해 세계 각지로 운송되었다.

필자는 독일에서 근무할 당시 라인강 지역을 자전거로 둘러보면서 느낀 감상을 기초로 다양한 자료들을 참고해서 이 책을 썼다. 책을 쓴 원래 목적은 주로 두 가지였으나, 실제로 책의 내용이 그 목적에 부합되는지는 순전히 독자들이 판단해야 할 것 같다.

첫 번째는 아름다운 중류 라인강 지역을 독자들에게 여행기 형식으로 소개하고 싶었다. 일반적인 독일 여행서에 산발적으로 포함되어 있기는 하지만 라인강만을 따로 묶어서 출간된 경우는 우리나라에서는 없었던 것으로 기억하기 때문이었다.

둘째는 '자동차', '나무와 숲', '난민 문제', '독일 통일', '과거사 청산' 등 독일의 몇 가지 주요 이슈를 라인강을 연결고리로 역사적 맥락을 가미해서 서술함으로써 일반 독자들의 독일에 대한 이해가 높아지기를 원했다. 흥미 있는 부분 위주로 길지 않고 간략하게 쓴다는 데 초점을 두었다.

책의 서술 방법과 내용에 대해서도 몇 가지 밝혀두고자 한다. 책을 읽어나가다 보면 필자가 출발지 슈파이어부터 뒤스부르크까지 마치 한번에 여행한 것처럼 보이지만 사실은 그렇지 않다는 것이다. 어떤 구간은 몇 번을 오고 간 적도 있었고, 어떤 구간은 직전 구간을 달리고 귀가한 후 몇 달 뒤에 다시 여행한 경우도 있었다. 책의 일정 부분에서 서술 시점이 현재와 과거가 혼재되어 있다는 것, 대부분이 팩트 위주로 기술되었으나 어떤 곳에서는 사실 관계에서 크게 벗어나지 않는 범위 내에서 필자의 상상력이 추가된 부분이 있다는 것도 독자들이 미리 알고 읽었으면 좋겠다. 또한, 이 책은 학술서적이 아니고 기본적으로 여행서의 형식이므로 인용된 부분을 일일이 표시하지 않았고, 대신 책 뒷편에 참고문헌으로 갈음했으니 원저자의 큰 이해를 구한다.

이 책이 라인강을 여행하거나 독일에 대해 관심 있는 독자들에게 쉽고 재미있게 읽혀지기를 바란다.

# 1

# 뾰족탑 위에 걸린 황금별

– 슈파이어(Speyer)

자전거는 여름의 뜨거운 햇볕이 내리쬐는 라인강 제방 위를 달리고 있다. 스위스 발원지로부터 수백 km를 흘러왔지만 슈파이어(Speyer)의 라인 강물은 여전히 맑고 푸르다. 유람선이 정박하는 곳 바로 옆에 '빅토르 위고(Victor Hugo) 참나무'가 서 있다. 1840년 10월 위고의 라인강 여행을 기념하기 위해 1992년 심었다고 한다. 프랑스어 'Un Jour Viendra'(A Day will come)가 표지석 한가운데를 차지하고 있다. 전쟁이 종식되는 날, 자유시장경제가 정착되고, 사상의 자유가 허용되는 그날이 반드시 올 것이라는 위고의 염원이 담겨 있다.

단풍나무 우거진 강둑을 넘어, 온갖 회사들의 홍보용 깃발과 청색 바탕에 열두 개의 황금별이 그려진 유럽연합의 깃발 수십 개가 어수선하게 날리는 모퉁이를 지나, 슈파이어 시내 중심부로 들어간다. 고도(古都) 슈파이어의 도심은 마치 우리나라 경주를 보는 듯 무척 현대적이다. 돔 주변 오래된 골목에 빈틈없이 깔려 있는 작은 벽돌 길은 물로 방금 씻어 낸듯이 깔끔하다. 돔과 西門(Altpoertel) 사이의 거리(Maximilianstraße)는 음식점과 아이스크림 상점이 거의 다 잠식해버려서 이 구역 전체가 하나의 커다란 가게 같다. 도시는 먹고 마시고 얘기하는 사람들로 넘쳐난다.

슈파이어(Speyer) 돔은 생각보다 작았고, 성당 내부는 1,000년이 넘는 오래된 서양 석조물에서라면 으레 풍기는 매캐한 냄새도 어두침침함도 없이 산뜻하다. 구약성경의 이야기를 묘사한 벽면의 성화, 뒷면의 오르겔, 석조 그로인 볼트로 처리된 천장. 이 모든 것이 마치 어제 만든 듯 깨끗하다.

슈파이어는 신성로마제국의 의회가 있던 곳으로 한때 세속(俗)과 기독교 세계(聖)를 매개하는 중심지였고, 팔츠(독일 지명) 지방의 문화적 메트로폴리스로 기능했다. 성당은 황실성당으로서 황제와 제국의 권위를 상징하는 대표적인 건물이었다. 성당 지하에는 신성로마제국의 황제, 황후 등 열 명이 안치되어 있고, 성당 바깥에는 황제들의 동상이 총총하게 서 있다.

슈파이어성당은 두 차례에 걸쳐 1024년부터 1106년까지 86년 동안 건축되었고, 성모 마리아에게 봉헌되었다. 팔츠계승전쟁(1688-1697)기간

동안 화재로 인해 성당의 서쪽 부분이 크게 훼손되었으나, 1772년 바로 크 시기에 재건되었고, 1794년 독일을 점령한 나폴레옹군은 슈파이어성 당을 병원으로 사용하기도 했다.

슈파이어성당은 헬무트 콜(Helmut Kohl) 총리에게는 각별한 의미가 있었다. 그는 어릴 때 어머니 손을 잡고 슈파이어성당을 다녔고, 제2차 세계대전 기간 중 자신이 태어난 곳인 루드비히스하펜(Ludwigshafen)의 김나지움이 폐쇄되자 슈파이어성당 근처에 있던 김나지움을 다녔다. 콜은 미군 폭격기를 피해 성당에 숨기도 했다. 독일연방 총리로 재직하던 동안 중요하다고 생각하는 손님은 어김없이 이곳으로 데리고 왔다고 한다. 미테랑 프랑스 대통령, 영국 대처 총리, 조지 부시 미국 대통령, 하벨 체코 대통령, 고르바초프 소련 서기장, 카를로스 스페인 국왕 등이 모두 이곳을 방문했었다. 고르바초프는 심지어 두 번이나 초대받았다.

제국의 성당, 헬무트 콜의 성당

헬무트 콜은 슈파이어 돔을 "독일뿐만 아니라 유럽에 있어 사유와 감정의 상징"이라고 했고, "슈파이어성당을 모르는 자는 나의 고향과 독일, 유럽을 모르는 자들"이라고 말했다. 이는 슈파이어가 과거 신성로마제국의 제국의회가 열리는 곳이었고, 라인강을 사이에 두고 30년 전쟁, 나폴레옹 전쟁 등 독일과 프랑스 간 크고 작은 전쟁의 중심지였으며, 2차대전 이후에는 양국의 화해와 협력의 상징적 도시로 많은 사람들에게 각인되어 있기 때문일 것이다.

신성로마제국은 낯설다. 아니, 이름이 낯설지는 않다. 다만, 제국의 실체가 아리송할 뿐이다. 제국의 경계는 어디까지였는가? 제국의 수도는 어디였는가?

당시 가장 영향력 있던 기독교 신앙을 바탕으로 문명의 표상이던 로마를 지향하며 만들어진 제국. 황제는 있지만, 상징적인 역할만 수행했고, 실권은 제국 내에 수백 개로 쪼개진 크고 작은 나라들의 왕과 제후, 주교들이 실질적인 지배권을 행사했던 유명무실한 제국이었다. 당시 신성로마제국은 보헤미아 왕국, 바이에른 공국과 같이 넓은 영토를 가진 국가가 있었던 반면, 사방이 불과 10㎢(300만 평, 여의도 8.4㎢)보다 안 되는 작은 곳도 독립적인 주권을 행사했다. 너무나 많은 연방국가들로 쪼개져 있어 마치 헝겊 쪼가리를 붙여놓은 것 같았다. 수도가 정해져 있는 것도 아니었고, 여기저기 도시를 돌아가며 제국의회가 소집되었다. 볼테르는 신성로마제국이 한마디로 "신성하지도 않고, 로마도 아니고, 제국도 아니다."라고 비꼬았다.

신성로마제국은 지금의 정치학 개념으로 보자면 유럽연합과 유사한 느슨한 형태의 국가연합이었다. 아우스터리츠 전투에서 나폴레옹에 패배한 신성로마제국 프란츠 2세 황제는 1806년 8월 6일 신성로마제국의 해체를 선언했다. 제국 통치의 상징인 '제국보주(Reichsapfel)'를 빈의 호프부르크 궁전 보석의 방에 집어넣고 봉해버렸다. 이로써 844년간 존속되었던 제국이 사라졌다. 괴테의 말대로 제국은 '오랜 친구(alter Freund)'가 되어버렸다.

성당을 나와 서늘한 길 위를 자전거와 함께 걷는다. 슈파이어 돔에서 멀지 않은 곳에 있는 성 베른하르트(Sankt Bernhard) 평화의 교회에 도착했다. 이 교회는 1954년 독일과 프랑스의 주교가 참석한 가운데 독일과 프랑스 간 화해의 상징으로 세워졌다.

교회 뒷쪽 작은 공원에 헬무트 콜(Helmut Kohl) 독일 전 총리의 가묘(假墓)가 있다. 아직 제대로 뿌리를 내리지 못한 산수유 나무가 삐딱하게 교회 쪽으로 기대어 있고, 한 발짝 앞에는 큰 키의 삼나무가 보초같이 우뚝 서 있다. 히비시쿠스로 보이는 연분홍 꽃이 묘지 위로 흩날린다. 콜 총리는 2017년 7월 1일 사망했다. 그로부터 4년도 더 지났지만 콜의 무덤은 여전히 단출한 나무 십자가가 중앙에 꽂혀 있고 엉성한 나무판으로 둘러싸인 가묘 상태 그대로다. 콜의 장남과 그의 두 번째 부인과 의견 차이가 아직 해소되지 않았기 때문이다. 콜 총리의 장남은 콜 총리가 생전에 2001년에 사망한 첫 번째 부인 하넬로레(Hannelore Kohl)의 묘지에 함께 묻히기를 원했기 때문에, 그녀의 묘지가 있는 인근 도시 루드비히스하펜으로 옮겨 합장해야 한다고 주장하고 있으나, 두 번째 부인인 마이케

콜 총리 가묘

(Maike Kohl-Richter)는 이에 반대하고 있다.

　콜 총리가 슈파이어에 묻힌 지 두 달이 채 지나지 않았을 무렵, 필자
는 그곳을 방문해서 슈파이어시 시장을 만난 적이 있다. 집무실에서 면
담 후 시장은 필자를 비록 허름했지만 정갈한 식당으로 점심 식사를 초
대했다. 시장은 슈파이어에 방문한 사람은 콜 총리가 즐겨 먹었던 이곳
팔츠 전통 음식을 반드시 맛보아야 한다면서 소시지 비슷한 둥그런 자우

마겐(Saumagen)을 주문했다. 독일의 다른 음식들과 큰 차이 없이 짠 맛이 조금 강한 듯한 것이 별미는 아니었다. 그는 팔츠 지역의 '와인가도(Weinstrasse)'는 무척 아름답다고 자랑하면서 슈파이어는 옛날부터 이 지역의 문화 중심지였고, 팔츠 사람들은 독일의 다른 지역 사람들보다 인심이 좋고 인정이 많다고 했다. 자우마겐같이 둥그런 얼굴에 옅은 웃음을 짓던 시장은 갑자기 목소리 톤을 낮추어 콜 총리의 두 번째 부인 마이케 여사와 독일 정부 인사들 간의 불화에 대해 진지한 표정으로 얘기해 주었다. 언론에 이미 여러 차례 보도되어 필자도 잘 알고 있었으나 처음 듣는 것같이 호기심을 보이며 경청했다. 시장은 20여 년 전 슈파이어 돔 앞에서 거행되었던 콜 총리의 고별 열병식에 대해서도 장황하게 설명해 주었다.

1998년 10월 17일 저녁 콜 총리의 고별 열병식(Große Zapfenstreich)이 바로 여기 슈파이어 돔 앞에서 열렸다. 열병식은 본래 과거 프로이센 군에서 병사들의 일석점호에서 유래되어 독일 연방 대통령, 총리 등 주요 인사의 공식적인 퇴임식을 대신해서 거행되었다. 연방 총리로서는 콜 총리가 처음이었고, 이후 슈뢰더, 메르켈의 경우에도 이러한 열병식이 독일 연방군에 의해 거행되었다. 열병식 장소는 퇴임하는 총리의 희망에 따라 정해지는데, 대개는 자신의 고향이나 자신에게 특별한 의미가 있는 곳을 선택한다. 콜 총리의 다음 총리였던 슈뢰더는 자신이 주 총리를 지냈던 니더작센주의 하노버를 선택했고, 그다음 메르켈 총리는 태어난 곳은 아니었으나 지금까지 살면서 대부분의 시간을 보냈던 베를린을 선택했다.

은은한 조명을 받아 푸르게 빛나는 슈파이어성당의 첨탑을 쳐다보며 단상에 오른 백발의 콜 총리는 가쁜 숨을 내쉬며 슈파이어는 독일과 유럽 역사에 있어서 통합의 상징으로 콜 자신뿐만 아니라 수많은 사람들에게도 독일에서 가장 인상 깊은 곳 가운데 한 곳이라고 힘주어 말했다. 자유와 평화의 중요성도 강조했다. 이어 독일 연방군 병사들이 군악대의 연주에 맞추어 횃불 행진을 했고 열병 의식을 진행했다. 행사의 하이라이트라고 할 수 있는 희망곡 연주 차례가 되었다. 열병식의 주인공이 자신이 원하는 세 곡을 미리 알려주면 군악대가 희망곡을 연주하는 것이 관례였다. 주요 인사들이 자신의 고별 열병식에 어떤 곡을 선정하는지가 언론에도 큰 관심거리였다. 나중에 총리였던 슈뢰더의 대표적인 희망곡은 〈마이 웨이〉였고, 메르켈의 희망곡은 독일 가요 〈나를 위해 붉은 장미비가 내리기를〉이었다.

콜은 희망곡으로 유럽연합의 공식노래이기도 한 베토벤의 〈환희의 송가〉를 선택했다. 콜의 깊은 내면에 어떠한 생각이 자리 잡고 있었는지는 알 수 없었으나, 그는 적어도 이임하는 마지막 순간, 전 세계가 바라보는 자리에서 독일보다는 유럽, 독일 통일보다는 유럽의 통합을 염원한다는 메시지를 발신했다.

　독일의 대문호 토마스 만(Thomas Mann)은 1953년 함부르크 대학에서 "너희들은 앞으로 '독일의 유럽(deutsche Europa)'을 추구해서는 안 된다. 반드시 '유럽적 독일(europäische Deutschland)'을 지향해야 한다."라고 연설했다. 21세기 독일이 불행했던 과거사에서 벗어나 분단된 국가에서 통일을 이루어 번영되고 강력한 나라로 거듭날 수 있었던 원동력 가운데 하나는 혼자서 빛나는 별이 아니라 더불어 빛남을 추구했던 독일 지성인들의 염원과 실천이었다.

# 2
# 다섯 개의 바퀴에 이는 바람

– 만하임(Mannheim)

찾는 것이 그리 어렵지도, 오래 걸리지도 않았다. 지금은 만하임 대학이 공유하고 있는 만하임 바로크 궁전(Barockschloss Mannheim)에서 불과 수백 미터 떨어져 있었다. 현대식 건물의 철판 외벽 한가운데 조그마한 안내판이 붙어 있다.

'자전거와 오토바이의 기초와 두발자전거의 원칙을 고안한 칼 프라이헤어 폰 드라이스(Karl Freiherr von Drais)가 살던 집이 이곳에 있었다.'

고생 끝에 마침내 성지에 도달한 순례자의 기쁨으로 지나가는 사람 그 누구도 보지 않는 초라한 안내판을 한참이나 바라보다, 근처 노천카페에

드라이스 남작의 집 앞

들어가 카푸치노 한잔을 주문했다. 출근 시간이 한참이나 지나서인지 카페는 거의 비어 있었다. 금발의 어린 종업원이 내가 안내판 주변 건물을 몇 차례 돌고 있었던 것을 보았던 모양이다. 혹시, 특별히 찾고 있는 것이 있는지 물었다. 관심을 가져줘서 고맙다, 하지만 이미 찾았다고 답하고 각설탕 하나를 추가로 시켰다. 서비스로 나온 케이크 한 조각을 덥석 물고, 원두 향기 진한 커피 한 모금을 들이켰다. 내 시선은 여전히 한 블록이나 떨어져 있어 더 이상 보이지도 않는 안내판을 향해 있다.

## 젊은 남작의 도전

1817년 6월 12일 드라이스 남작의 집 앞, 하늘은 푸르고 바람은 부드러웠다. 모여든 사람들의 웅성거림이 잦아지고 정적이 찾아왔다. 혼자서는 자주 해보았지만 이렇게 많은 사람들 앞에서도 잘할 수 있을까? 32세 젊은 남작의 얼굴은 긴장감으로 일그러졌다.

두 손에 힘을 주고 메뚜기처럼 날렵한 물체를 꽉 잡고 몇 발짝 앞으로 나아갔다. 바퀴가 생각보다 잘 굴렀다. 길 양쪽을 가득 메운 구경꾼들에게 크게 한 번 손짓을 하고 오른발을 들어 엉덩이를 안장에 고르게 안착시켰다. 양발을 교대로 힘차게 땅을 찼다. 나무로 만든 물체는 늘씬하고 탄탄한 남작의 허벅지에 착 달라붙어 쏜살같이 전진했다. 숨을 죽이고 의심의 눈초리를 거두지 않았던 사람들이 일제히 소리를 지르며 박수를

쳤다. 남작이 오른손을 힘차게 흔들며 군중의 환호에 답할 때 그의 입이
귀에 걸렸다.

자전거가 탄생하는 순간이었다. 드라이스 남작은 세계에서 처음으로
방향을 전환할 수 있는 자전거를 발명했다. 그의 이름을 따와서 '드라이
지네'라고 불렸다. 드라이지네의 높이는 지금의 자전거와 비슷한 1.2m
정도였고, 나무로 만들어졌다. 하지만, 지금의 자전거와는 달리 페달이
없었다. 비행기가 발명되려면 100년이나 더 기다려야 하는 19세기 초, 사
람들은 발이 땅에서 떨어져 허공에 머물러 있어야 한다는 생각 자체에
커다란 두려움을 가졌다. '드라이지네'는 연결된 두 개의 바퀴 위에 안장
을 얻고 두 발로 땅을 밀면서 나가는 방식이었지만, 마차나 걷기 이외의
어떠한 다른 이동방식도 생각할 수 없었던 시대에 가히 혁명적이었다.

바덴(Baden) 지역에서 발간되는 신문 바트보헨블라트(Badwochenblatt)
紙는 1817년 7월 29일자 기사에서 당시 상황을 이렇게 기록했다.
'드라이스 남작이 6월 12일 믿을 만한 증언자들 앞에서 말의 도움 없이
자신이 새로 발명한 탈 것의 힘으로 만하임에서 레벤하우스 구간을 왕복
한 시간에 주파함으로써 이 새로운 물체의 빠른 속도가 증명되었다.'

드라이스 남작이 위대한 발명을 하게 된 어떤 특별한 모티브가 있었을

까? 이에 대해서는 몇 가지 가설이 있다.

첫 번째 가설은 인도네시아의 탐보라(Tambora) 화산폭발과 관련이 있다. 1815년에 폭발된 이 화산은 북반구의 하늘을 거의 다 덮을 정도의 엄청난 화산재를 내뿜었고 그 영향이 1년이 넘도록 지속되었다. 비가 끊임없이 내렸다. 한여름에 눈이 오는 기상이변도 있었다. 이상기온은 농작물 작황에 크게 영향을 미쳤고, 귀리 값이 두 배로 뛰었다. 귀리는 말 사료로 많이 사용되었는데, 귀리 값 폭등으로 많은 말이 굶어 죽었다. 운송수단으로서 말을 대체할 수 있는 무엇인가가 필요했고, 드라이스는 바로 이 지점에 착안했다는 것이다.

두 번째 가설은 산림공무원이었던 드라이스의 직업에 주목했다. 지금도 독일의 산림공무원을 만나면 비슷한 불만이 나오기는 하지만, 당시 산림공무원 한 사람이 커버해야 하는 산림의 면적이 너무 넓었다. 드라이스 남작은 자신이 담당하는 지역의 숲을 더욱 신속하고 효과적으로 관리하기 위해 새로운 이동수단을 생각하게 되었다는 것이다.

세 번째 가설은 드라이스 남작은 정작 말을 대체하는 수단이 무엇이 좋은지에 대해 단 한 번도 진지하게 고민해본 적이 없었고 효과적인 산림 관리에 대해서도 전혀 생각해본 적이 없었다. 그냥 어쩌다가 재미로 하다 보니까 그러한 목제품을 만들게 되었다는 것이다.

어떤 가설이 맞는지 알 수 없으나, 그가 인류의 이동수단 발전에 큰 기여를 한 것은 분명하다. 하지만, 위대한 발명가들이 가끔 그렇듯이 드라이스 역시 당대에는 일반인들에게 잘 알려지지도 않았고 새로운 발명품으로 인해 돈도 많이 벌지 못했다. 그나마 바덴지역의 궁정 추밀고문관이었던 아버지 덕택에 그의 이름이 지역에 조금 알려져 있긴 했다. 하지만, 1830년 아버지가 사망하면서 그의 존재도 잊혀졌다. 그가 다시 인구에 회자된 것은 1849년 무렵이었다. 1948년 3월 혁명의 여파로 독일 남부 바덴 지역에도 혁명의 깃발이 나부꼈다. 그는 바덴 혁명의 열렬한 옹호자였다. 귀족으로서의 모든 특권을 버리면서 민주와 자유를 외쳤다. 귀족의 이름에만 부여되는 '폰'을 지우고 단지 '칼 드라이스'로 불러주기를 원했다. 하지만, 혁명은 실패로 끝났고, 드라이스는 절망했다. 프로이센이 바덴 지역을 점령하자 연금조차 압류당했다. 그는 66세를 일기로 1851년 12월 10일 바덴에서 죽었다.

케익 한 조각을 무료로 준 종업원에게 감사의 인사를 하고 카페를 나왔다. 이곳의 거리 이름은 특이하다. 독일의 주소지는 대개 'Adenanuer Alle, Heinrich Strasse' 등 거리를 나타내는 보통명사 앞에 사람 혹은 사물의 이름이 붙어서 이루어지는데 여기 주소는 특이하다. 단순히 'M1, 8' 이렇게 쓰여 있다. 거리 이름뿐만 아니라 도시 모양도 특별나다. 말발굽 모양의 도시는 칼로 두부를 싹둑 잘라놓은 듯 반듯한 정방형 구조로 되어있다. 그래서 이 도시는 '사각의 도시(Quadratestadt)'라는 별칭을 가지고 있다. 이러한 독특한 모양의 독일 도시는 만하임이 유일하다. 도시는 144개의 블록으로 나눠져 있고 A부터 U까지의 알파벳과 숫자를 조합하여 'C5' 또는는 'E7'와 같은 주소를 부여했다.

한 번은 도시 역사에 대한 사전지식 없이 만하임 시장을 만나 얘기하다 머쓱해진 적이 있다. 이 지역이 2차대전 직후 주로 미군이 점령했었고, 지금도 여전히 이곳에서 멀지 않은 곳에 미군들이 많이 살고 있어, 미국의 뉴욕과 같은 도시의 거리 이름에서 영향을 받았을 것이라고 말했다. 시장은 빙긋이 웃으면서 그럴듯한 추측이기는 한데, 사실은 그렇지 않다고 하면서 도시 내력을 간단히 설명해주었다.

만하임은 팔츠 지역이다. 팔츠의 선제후 프리드리히(Friedrich) 4세는 1606년 만하임의 도시 건설을 명했다. 도시는 르네상스의 시대정신과 함께 강력한 군대의 엄격한 규율과 질서가 반영되도록 설계되어야 한다고 힘주어 말했다. 당시 팔츠지역은 주변국들과 영토 확장을 놓고 치열한 각축을 벌이고 있었다. 무엇보다 군대의 역할이 중요했다. 강군을 배양하고 유지하기 위해서는 군 내부의 기율과 사기도 중요하지만 주변의 환경, 도시의 경관도 이에 부합할 필요가 있었다. 라인강과 네카강, 두 개의 강이 모이는 이곳에 도시의 거리가 새롭게 똑바른 직선으로 바뀌게

만하임 라인강변의 공원

된 연유다. 이후 지금까지 전쟁과 같은 커다란 사회적 변화의 시기가 있었으나 그 기본 형태는 아직까지 유지되고 있다.

### 여인의 용기

드라이스 남작이 두 발 자전거를 발명한 지 71년이 흐른 1888년 8월 어느 날 새벽 만하임의 벤츠 자동차 공장(주소가 매우 쉽다. T6, 33) 앞, 세 개의 바퀴가 묵직한 공기를 가르며 구르기 시작했다. 베르타 벤츠(Bertha Benz)는 두 명의 아들을 옆에 태우고 3년 전 남편 칼 벤츠(Karl Benz)가 만든 자동차를 몰기 시작했다. 남편이 만든 이 차는 내연기관 자동차로서는 세계 최초였다. 남편은 그간 자신이 만든 차를 여러 사람 앞에서 시승해 보였다. 하지만, 완성도가 부족했던 자동차는 조향 핸들을 조작하는 것도 야트막한 언덕을 오르기도 쉽지 않았다. 사람들은 실용성이 없어 보이는 말 없는 마차를 비웃고 조롱했다. 그렇지 않아도 내성적인 성격의 소유자였던 칼 벤츠는 더욱 의기소침해졌다.

남편은 소심했지만, 부인은 달랐다. 그녀는 혁신적 마인드와 모험심도 겸비했다. 베르타는 남편의 발명품이 결코 잘못되지 않았으며 실제 상용화될 수 있다고 확신했고 이를 입증해 보이고 싶었다. 그러기 위해서는 단거리로서는 부족하고 장거리 주행이 필요했다. 베르타는 만하임에서 106km 떨어져 있는 자신의 친정집 포르츠하임(Pforzheim)을 목적지로 정했다.

발명 후 1년이 지난 1886년에 세계 최초로 특허를 획득한 이 자동차는 코일 점화 방식의 단기통 엔진을 탑재했고 최대 시속 16km였다. 엔진이 붙어 있어서 망정이지, 자동차라기보다는 세발자전거처럼 보였다. 베르타의 자동차 여행은 순조롭지 않았다. 단거리 주행에서는 드러나지 않던 여러 가지 문제가 나타났다.

연료가 바닥이 났고 엔진동력을 바퀴로 전달하는 체인이 끊어졌으며, 브레이크 부품이 마모되어 제동장치에 이상이 생기기도 했고 냉각수가 바닥이 나고 연료관이 막히기도 했다. 하지만, 베르타는 문제가 생길 때마다 특유의 기지와 뚝심을 발휘해서 이를 해결하고, 마침내 친정집에 무사히 도착했다. 그리고 3일 후 만하임으로 무사히 귀환했다.

라인 강변 도시 만하임에서 살고 있던 한 여인이 인류 사상 최초로 자동차 장거리 주행을 성공시켰다. '작업장'의 자동차가 '세상'의 자동차가 된 것은 용감한 여인 덕분이었다.

# 3
## 선한 양심

    – 보름스(Worms)

  니벨룽겐다리(Nibelungenbrücke)의 한가운데에 자전거를 세우고 니벨룽겐탑(Niebelungenturm)을 바라본다. 희미한 보름스(Worms)의 도시선(線)을 뒤로하고 첨탑이 덩그러니 하늘에 걸려 있다. 탑을 지탱하는 둥근 아치가 죽은 생선의 아가리 마냥 벌려져 있고, 그 밑으로 자동차들이 쑥쑥 빨려 들어간다. 다리 위에는 자동차 도로와는 별도로 자전거 길이 나 있고, 길 양쪽으로 사람 허리 높이 정도 되는 가드레일이 솟아 있어 보기만 해도 숨이 차다.

  다리를 건너자 니벨룽겐의 보물을 라인강으로 던지는 하겐(Hagen)의 기념비가 강가에 세워져 있다. 1932년부터 이곳에 위치한 기념비는 어제 만든 것처럼 깨끗하다.

보름스는 니벨룽겐으로 넘쳐난다. 니벨룽겐 다리, 니벨룽겐 박물관, 니벨룽겐 거리, 니벨룽겐 식당, 하겐 거리, 지크프리트 분수 등 거의 모든 것이 니벨룽겐이다. 이는 독일 중세 서사시 「니벨룽겐의 노래」의 무대가 네덜란드의 라인강 하류부터, 중류, 오스트리아의 도나우강까지 다양한 곳에 펼쳐져 있기는 하지만, 여기 보름스가 주무대이기 때문이다.

「니벨룽겐의 노래」는 대표적인 독일의 중세 서사시다. 잊혀져가고 있던 중세 니벨룽겐의 노래와 설화는 근세로 넘어오면서 바그너의 악극 〈니벨룽겐의 반지〉로 부활했고, 바그너의 작품에서 아리안족의 정기를 찾으려 했던 히틀러에 의해 정치화되기도 했다. 바그너의 〈반지 4부작〉은 4일 동안 공연되는 대작이다. 전 세계의 바그너리안들이 운집한 가운데 매년 여름 독일 남부 소도시 바이로이트에서 공연된다. 메르켈 총리는 아무리 바쁜 일정이 있어도 7월 바그너의 바이로이트 축제 개막공연에는 평소 잘 입지 않던 정장 차림으로 참석하곤 했다.

바그너의 〈니벨룽겐의 반지〉는 서사시 「니벨룽겐의 노래」에 근거하여 다소간의 변형을 가해서 만들어진 작품이다. 독일인들의 마음속 깊은 곳에 자리 잡고 있는 그들만의 독특한 세계관을 이해하려면 바그너의 반지를 대본으로 읽고 그의 악극 전체를 경험해보아야 한다는 말이 있을 정도로 '반지'는 독일적이다. 작품을 독일어로 읽어보려고 몇 번 시도한 적이 있었다. 하지만, 그때마다 몇 장 넘기지 못하고 포기했다. 고어체도 그렇고, 문장도 그렇고 도무지 눈에 들어오지도 이해되지도 않았다. 읽기도 어렵고 무대에서 직접 감상하기는 더욱 힘들어 영상을 통해서 나마 이해해보려고도 했다. 하지만, 이것마저 쉽지 않았다. 결국, 버나드 쇼의 반지 해설서에 만족하기는 했지만, 지금도 여전히 아쉬운 부분으로 남아 있다. 국내 그 많은 바그너리안들은 난해한 독어를 어찌 해독하는지, 한국어 번역본이 원어의 맛을 제대로 살릴 수 있는지, 도합 열대여섯 시간이나 되는 긴 시간을 어떻게 감상하는지 궁금할 뿐이다.

니벨룽겐 박물관 앞에 도착했다. 매표소 직원은 오디오 가이드 없이 들어가려고 하자 막아섰다. 왜 그러냐고 물었다. 니벨룽겐의 이야기 전개가 복잡해서 반드시 사전지식이 있어야만 박물관 입장이 의미가 있다고 했다. 니벨룽겐의 노래와 줄거리, 그리고 바그너의 반지 4부작까지도 대충은 안다고 해도 막무가내다. 할 수 없이 오디오 가이드를 한 손에 들고 박물관을 둘러보았다. 별 짜임새가 없었고 밋밋했다. 억지로 돈벌이만을 위해 만들어놓은 것도 같았다.

박물관을 대충 둘러보고 보름스의 중심지로 들어갔다. 도시는 독일의 여느 중소도시와 비슷하게 구성되어 있고 볼거리도 특별히 많지 않다.

멀리서 오래된 성당이 보인다. 보름스의 성당은 슈파이어와 마인츠 성당과 함께 라인 강변의 대표적인 로마네스크 양식의 성당이다.

### 독일, 루터의 나라

1521년 4월 17일. 이 평범하게 보이는 성당과 그 주변에서 역사적인 사건이 벌어졌다. 이날 강변의 작은 도시 보름스는 본래 이곳에 사는 주민 수만큼이나 많은 방문객들로 아침부터 도시 전체가 들썩거렸다. 웬만한 숙소는 며칠 전부터 이미 동이 다 나버렸다. 보름스가 이처럼 세간의 이목을 화려하게 받기는 도시가 세워진 이래 처음이었다.

오후 4시가 가까워지자 야트막한 언덕바지에 덩그렇게 서 있는 보름스 성당에 이르는 큰길은 물론 작은 골목길까지 인파로 넘쳐났다. 비와 구름, 거친 바람까지 동반한 사나운 날씨였지만 모여드는 사람들을 막지는 못했다. 마차가 멀리서부터 보이기 시작했다. 사람들은 일제히 소리쳤다.

"루터 신부님이다!"
"루터 교수 만세!"

비텐베르크에서 출발해 2주 만에 보름스에 도착한 탓에 다소 피곤했던

보름스 성당

루터였지만 자신을 응원해주기 위해 모인 수많은 군중을 보자 다시 힘이 솟았다. 마차에서 내린 루터는 보름스 기사단의 호위를 받으며 성당 부속건물인 주교궁으로 들어섰다. 신성로마제국의 황제와 제국의 왕, 제후, 주교들이 빼곡하게 운집해 있는 제국회의장은 쇠보다 무거운 침묵이 흐르고 있었다.

사람들의 눈동자만이 루터의 발걸음을 따라가고 있을 뿐, 살아 있는 그 어떤 것의 움직임도 없었다. 38세의 루터는 그보다 17세의 어린 카알 5세 황제 앞에 섰다. 스페인 출신의 나이 어린 황제는 말이 없었고 표정은 무덤덤했다. 황제 바로 옆에 선 심판관이 물었다.

"당신이 지금까지 쓴 글들 가운데 취소할 것이 있습니까?

루터는 바로 답하지 않고 잠시 머뭇거렸다. 그리고 말했다. "생각할 시간을 좀 주시지요." 그의 입에서 긍정도 부정도 아닌 어정쩡한 대답이 나오자 그 자리에 있던 사람들이 술렁거렸다. 황제를 쳐다보던 심판관은 그의 고개가 아래로 떨어지는 것을 확인한 후, 내일까지 답변할 시간을 주겠노라고 말했다. 이것으로 그날 제국회의는 끝이 났다. 숙소로 돌아온 루터는 창문을 활짝 열어젖혔다. 먹구름이 지나간 하늘은 흰 새털구름으로 한가로웠다.

4년 전 늦가을 비텐베르크 대학 교회 문에 붙였던 95개조 반박문으로 시작된 그와 기성 교단과의 갈등이 계속되고 있었다. 그는 95항목에 걸쳐 카톨릭 교회의 비리와 불합리성을 조목조목 지적하면서 공개토론을 제안했다.

'돈을 주고 면죄부를 사면 죄 사함을 받고 구원받는다고 하는 것은 잘못된 것이다.' '동전이 돈 궤짝에 찰랑하고 떨어지는 순간 연옥에 있던 영혼이 껑충 뛰어 천국으로 올라간다는 말은 거짓말이다.' '성베드로 성당 건축비는 가난한 교인들이 아니라 돈 많은 교황이 조달해야 한다.' '교황은 어떠한 벌도 용서할 권세를 갖지 못한다.'

95개조 반박문은 중세 교황 중심의 세계 질서를 뿌리부터 뒤흔들었고 이는 기성 체제에 대한 도전이자 반역으로 간주되었다. 50여 년 전부터 보급되기 시작한 활자 인쇄술 덕분에 루터의 혁명적 사상은 삽시간에 독일 전역으로 퍼져나갔고, 민중들로부터 열광적인 지지를 받았다. 튀링엔의 산골짜기 비텐베르크의 무명교수이자 신부였던 마르틴 루터는 일약 유명인사가 되었다.

교황청은 처음에는 그에 대해 별다른 반응을 보이지 않고 있다가 면죄부 판매 수입이 급감하자 대책을 강구하기 시작했다. 교황청은 1518년 10월 당시 저명한 신학자였던 카예타누스 추기경을 아우구스부르크로 보내 루터의 과격한 신념을 제어하려고 하였다. 추기경의 설득 노력에도 불구하고 루터는 그의 생각을 바꾸지 않았다. 첫 번째 회유작업에 실패한 교황청은 이듬해 논쟁의 달인으로 알려진 신학자 에크를 라이프치히로 파견해 루터의 마음을 돌리고자 하였으나 이마저 실패했다.

남아 있는 방법은 파문뿐이었다. 1520년 로마 교황청은 루터에게 칙서를 보내 지금까지 그가 저술한 책을 없애고 잘못된 주장을 철회할 것을 요구했다. 루터의 입장은 완고했다. 그는 오히려 '크리스천의 자유' 등 장문의 논문 세 편을 쓰면서 신념을 굳혀갔다. 그는 그해 겨울 비텐베르크 대학에서 학생들이 보는 가운데 교황칙서를 불태워버렸다. 1521년 1월 3일 마침내 루터는 교황의 파문장을 접수했다. 파문만으로 직성이 풀리지 않았던 교황청은 제국 황제 카알 5세로 하여금 그를 세속으로부터도 추방할 것을 요청했다. 제국이 그를 범법자로 낙인찍으면 그는 법적 보호를 받을 수 없게 된다. 이는 누구나 루터를 죽여도 된다는 의미다. 황제는 교황의 요청을 수락할 준비가 되어 있었으나, 작센의 제후 프리드리히가 반대했다. 프리드리히는 루터에게 자신의 입장을 소명할 기회를 주자고 했다. 당시 황제는 7명의 제후로부터 선출되었기 때문에 제후의 말을 무시하기는 쉽지 않았다. 황제는 결국 루터가 보름스의 제국회의에 출석해서 입장을 밝히도록 했다.

하늘은 어느새 다시 먹구름으로 덮였다. 루터는 창문을 닫고 일찌감치 잠자리에 들었다. 다음날이 되었다. 전날과 비슷한 오후 시간에 루터는 다시 황제의 앞에 섰다. 심판관은 똑같은 물음을 던졌다.

"당신이 지금까지 쓴 글들 가운데 취소할 것이 있습니까?"

루터는 단호하고 간명하게 대답했다.

"나의 양심은 하나님의 말씀에 붙잡혀 있으므로 어떠한 것을 취소할 수도, 취소하지도 않을 것입니다. 왜냐하면, 양심에 반하여 어떠한 행동을 하는 것은 위험하고 가능하지도 않습니다. 신이여 도와주소서. 아멘."

제국회의장은 일순 정적이 흘렀고 이내 다시 술렁거렸다. 화가 난 황제는 '이단자 루터를 보호하지 말 것이며 그를 보호하거나 추종하는 세력은 루터와 똑같은 대접을 받을 것을 경고'하는 보름스 칙령을 내렸다. 루터는 서둘러 보름스를 떠났다. 그는 이후 프리드리히 선제후의 비호 아래 아이제나흐의 바르트부르크성에 칩거하면서 12주 만에 라틴어 신약 성경을 독일어 성경으로 번역하는 기념비적 업적을 올렸다.

당시 루터가 황제 앞에 섰던 주교궁은 지금은 없다. 궁은 성당의 북쪽

주교궁의 루터가 섰던 장소

건물에 붙어 있었으나 1689년 9년 전쟁 중 프랑스군에 의해 파괴되었다. 19세기 후반 돈 많은 하일(Heyl)家에서 부지를 매입해 자신의 집과 정원을 만들었다. 지금은 하일호프파크(Heylhofpark)라는 공원으로 되어 있어 누구나 쉽게 들어갈 수 있다. 루터가 섰던 바로 그 자리는 1971년 논넨마허(G.Nonnenmacher)라는 조각가가 청동 조각상을 세워 놓았고, 그 앞에는 2017년 보름스 로타리클럽의 후원을 받아 또 다른 조각가가 만든 커다란 청동 신발이 놓여 있다.

정원을 나와 루터와 그의 동역자 멜랑흐톤이 같이 서 있는 루터 기념비 앞에 자전거를 세워놓고 벤치에 앉았다. 상쾌한 바람이 얼굴을 스쳤다.

루터의 종교개혁, 그의 행동과 사상은 비단 종교의 영역뿐만 아니라 독일 사회 전반에도 커다란 영향을 미쳤다. 독일의 방송인 아이헬

**루터 기념비**

(C.Eichel)은 『독일, 루터의 나라(Deutschland, Lutherland)』라는 책에서 오늘 우리가 소위 독일적이라 부르는 것, 독일의 전형적인 특성이 루터로부터 기인한다고 말한다. 독일인의 근검절약 정신, 어려운 환경에 처한 사람들에게 후하게 나눠주는 기부의 습관, 6,000개가 넘는 박물관과 많은 오케스트라와 병원들, 책을 가까이하는 국민들의 정서, 이러한 모든 것이 루터와 관계가 있다고 보았다.

자녀를 여섯 명이나 둔 루터의 집은 그렇지 않아도 북적거렸을 터인데

늘 방문객들과 가난한 사람들로 넘쳐났다. 넉넉지 않은 형편이었지만 배고픈 자에게 음식을 나눠 주었고 이들과 열심히 대화했다. 대화를 기록한 '식탁대화(Tischreden)'는 아직까지 잘 전승되고 있다. 루터는 당시 일반 교인들이 라틴어 성경에 접근조차 할 수 없었음은 물론 사도신경이나 주기도문도 모르는 것을 보고 큰 충격을 받았다. 그는 다양한 교리 문답지를 만들어 나눠주고 이들을 계몽했고 인식의 지평을 넓혀주었다. 독일 공교육이 이로부터 시작되었다. 그는 라틴어 중심, 성직자 중심의 예배를 독일어와 예배자 중심, 즉 고객 중심으로 바꾸었다. 그는 음악의 중요성도 설파했다. 음악은 상처받은 영혼을 치유하는 중요한 수단이었고, 노래 부르지 않는 자는 게으르고 신앙심이 약한 자로 보았다.

루터는 기존의 교리와 교황 중심의 기독교를 비판하면서 '오직 믿음으로', '오직 말씀으로', '오직 은혜'를 통해 기독교의 본령으로 돌아갈 것을 외쳤다. 그는 타인에 대한 사랑이 없는 믿음은 공허하다는 믿음을 끝까지 지켰다. 급진적이고 과격한 교회개혁 움직임에 가담하지 않았고 폭력은 어떠한 경우에도 용납할 수 없다는 비폭력의 정신을 견지했다.

벤치에서 일어나려는 순간 오른손에 작은 컵을 든 남루한 복장의 노인이 다가왔다. 평소 같으면 모른 척 지나갔을 터인데, 1유로 동전을 컵 안에 넣었다. 동전은 찰랑하며 컵 안으로 떨어졌다. 노인은 엄지손가락을 치켜세우며 고마움을 표했다.

난민을 구원한 자

도시를 빠져나온 자전거는 버드나무 우거진 강변길을 달린다. 잔잔했던 강물이 출렁인다. 마인츠까지 가려면 아직도 한참이나 남았다. 벤치에 앉아 물을 한 모금 삼키며 강 너머 점점이 흘러가는 흰 구름을 바라본다.

루터가 태어난 지 500여 년이 지난 2015년 유럽은 몰려드는 난민으로 몸살을 앓고 있었다. 이들은 주로 시리아, 아프가니스탄, 북아프리카 국가 출신들이었다. 그들 조국의 정치적 혼란과 극심한 경제난을 피해 지중해를 건너 보스포러스 해협을 지나 유럽으로 몰려들었다.

2003년부터 2013년까지 10여 년간 연평균 약 3만 4,000명이 독일에 망명을 신청했으나, 2014년에는 17만 명으로 늘었고 2015년 8월 중순 독일 연방정부는 연말까지 약 80만 명이 망명을 신청할 것으로 예상했다. 헝가리에 머물던 수천 명의 난민들이 부다페스트 기차역 앞에 진을 치고 '메르켈'을 연호하며 자신들의 독일행을 허용해줄 것을 요구했다.

8월 어느 날 오스트리아의 부르겐란트(Burgenland) 고속도로 트럭에서 이라크와 시리아 출신 난민 71명이 질식사한 채로 발견되었다. 며칠 뒤 터키의 휴양지 보드룸(Bodrum) 해안가에서 두 살배기 알란 쿠르드(Alan Kurdi)의 익사한 시신 사진이 전 세계 미디어의 이목을 집중시켰고 유럽 시민들은 난민 문제의 심각성을 본격적으로 인식했다.

부다페스트역 앞에 머물러 있던 약 3,000명의 난민들은 9월 4일 오스트리아를 거쳐 독일로 가는 180km의 거리를 걸어서 이동하기로 했다. 이들은 고속도로를 따라 서방을 향한 희망의 행진(march of hope)을 계속했고 이들의 움직임이 고스란히 전 세계 TV로 중계되었다.

유럽연합(EU) 국가 정부 대표들은 유럽연합의 본부가 있는 벨기에 브뤼셀에 모여서 이 문제를 어떻게 처리할지에 대해 논의를 거듭했지만, 각각의 나라가 처한 국내 문제, 경제적 상황이 달라서 쉽게 합의에 도달하지 못했다. 각국이 얼마나 많은 난민을 수용할 것인가가 논의의 핵심이었으나, 대부분의 유럽 국가들은 난민 수용에 인색했다. 영국과 프랑스는 이미 과거 식민지 경영 등의 이유로 난민 혹은 난민과 유사한 지위에 처해 있는 제3국인들을 충분히 받아들였기 때문에 추가로 더 많은 난민을 받아들이기는 무리라고 소리를 높였고, 동유럽 국가들은 자신들의 국내 경제도 어렵다고 슬그머니 발을 뺐다. 그나마 스웨덴과 같은 북유럽 국가들은 관용적 태도를 보였으나 전체적으로 국가 규모가 작아 많은 난민들을 수용하는 데는 근본적으로 한계가 있었다.

결국, 독일이었다. 난민들은 물론이고 유럽의 정부 관료들도 시민들도 세계의 미디어도 독일만 쳐다보고 있었다. 난민들 대다수는 소득수준이 높고 경제 규모도 커서 넉넉한 일자리를 제공할 수 있는 독일에 정착하기를 원했다. 이는 2차대전 종전 이후 독일이 그들의 과거사에 대한 반성의 차원에서 관대한 난민 정책을 펼쳤던 것과도 무관치 않았다.

독일 국내 여론은 첨예하게 나뉘었다. 보수 진영은 대개 난민 수용에 소극적이었고, 진보 진영과 경제계는 찬성하는 편이었다. 비판론자들은 많은 난민이 들어옴으로써 사회의 동질성이 저해되어 사회 통합이 어려워지고, 극우주의와 외국인 혐오, 인종주의가 득세할 것이며, 저출산 고령화되어가는 기독교 중심의 독일 사회가 궁극적으로는 이슬람 문화로 대체될 것을 우려했다. 대부분의 난민이 저학력층의 단순 노무인력이므로 전문인력 부족으로 고통받고 있는 경제계에도 그다지 도움이 되지 않을 것이라고 했다. 하지만, 시간이 지날수록 독일 사회의 전반적인 분위기는 난민을 수용은 하되 그 상한선을 정하자는 방향으로 흘러가고 있었다. 오랫동안 침묵하던 메르켈 총리가 마침내 입을 열었다.

"난민을 얼마나 받을지에 대한 상한선을 정할 수는 없습니다. 당신들은 경계선 밖에 있는 사람들의 고통을 모릅니다. 우리는 해낼 것입니다!"

보수당의 기민당 대표 메르켈 총리는 당내의 반대기류를 거슬러 담대하고 급진적인 결단을 내렸다. 상한선을 정하지 않고 난민을 받아들이기로 한 것이다. '우리는 해낸다(Wir schaffen das)'는 이 한마디 문장은 이후 메르켈의 트레이드마크처럼 되었고, 난민 수용에 대한 독일인들의 적극적인 의지를 대변했다.

무엇이 그녀로 하여금 이러한 역사적 결정을 내리게 하였을까? 독일의 경제력과 국제적 위상에 걸맞은 더 많은 책임을 요구하는 국제사회의 목소리, 노동력 부족에 시달리는 산업계의 요구, 과거사에 대한 반성 등등 여러 가지 요인이 복잡하게 작용한 결과일 것이다.

하지만, 나는 루터 이래 이웃사랑, 타인에 대한 배려의 정신을 강조하고 이를 실천해온 독일 개신교로부터 강한 영향을 받은 메르켈의 개인적 성향에 주목하고 싶다. 기독교적 세계관에 기초한 인간을 보는 따뜻한 그녀의 심성은 특히 어린 시절의 경험에서 비롯되었다고 본다.

메르켈은 1954년 7월 17일 함부르크에서 장녀로 태어났다. 어머니는 라틴어와 영어를 가르치는 교사였고 아버지는 개신교 목사였다. 그녀가 태어난 지 수주 만에 가족 전체가 당시 동독 지역인 브란덴부르크 서부 지역으로 이주했다. 아버지가 동독 지역에 목사가 부족하다는 소문을 들었기 때문이었다. 아버지는 국경을 넘어 새로운 땅에서 목회활동에 전념했고 가족들은 목사관에서 생활했다. 목사관에는 언제나 헐벗고 궁핍한 사람들, 오갈 데 없는 사람들로 붐볐다. 아버지는 이들에게 먹을 것과 입을 것, 잠자리를 제공하고 항상 따뜻하게 대해주었다. 어린 메르켈은 아버지로부터 어려운 사람들, 경계선 밖의 사람들을 어떻게 대해야 하는지를 보았고 이들에 대해 관심을 가지게 되었다. 아버지로부터 배우고 체화된 타인에 대한 사랑과 배려, 포용의 정신은 후일에도 메르켈의 인성을 형성하는 중요한 요소가 되었고 지중해를 떠돌던 수백만의 난민을 구원했다.

메르켈의 결단에 대해 일부 보수 정치인들은 반대했으나 대부분의 독일 시민은 찬성했다. 오스트리아 국경을 넘어온 기차가 뮌헨역에 도착하자 수많은 시민이 환영의 꽃다발을 선사했고, 독일 전역에 마련된 난민 시설에는 구호물품들이 넘쳐나 독일 정부는 더 이상의 물품을 보내지 말라고 호소했다. 북해로부터 바이에른의 조그만 산골 마을까지 난민을 '환영하는 문화(Willkommenskultur)'가 독일 전역을 뒤덮었다. 2015년 한 해만 해도 89만 명의 난민이 독일로 들어왔다.

# 4

# 자유의 깃발

– 마인츠(Mainz)

자전거는 마인강이 라인강을 만나 사멸하는 곳 마인츠(Mainz)에 닿는다. 바이에른 오버프랑켄에서 발원한 마인강은 527km를 흘러 마인츠에서 라인강에 합류한다. 마인강은 라인강의 오른쪽으로부터 합류하는 지류 가운데는 가장 큰 강이어서 두 강이 만나는 지점에서 큰 다툼이 있을 것으로 짐작했지만, 마인이 순종적으로 그 본류를 라인에 내어주는 것을 보고 적잖게 실망했다.

라인강의 왼쪽 제방을 달리는 자전거에서는 자칫 그 지점을 놓칠 수도 있을 정도로 마인은 존재감을 거의 드러내지 않고 라인에 흡수되었다. 이는 물의 흐름을 막고 기운을 차단하는 많은 보(堡)가 중류부터 마인강

라인강과 마인강이 만나는 곳

물살의 속도를 줄여서, 하류에 이르러서는 겉으로 보아서는 움직임을 포착하기 힘들 정도로 생동감을 상실했기 때문일 것이다. 반면, 라인강은 폭이 넓어졌음에도 속도감을 잃지 않았고, 물결은 거칠었고 장엄하고 여전히 당당한 위용을 자랑하고 있다. 마인츠 남교(南橋) 철교 위에 올라 작은 보트 두 척이 얌전하게 죽어가는 마인강을 지그시 밟고 지나가는 모습을 한참 바라보았다.

사람들로 넘쳐나는 강변길에서 벗어나 새롭게 단장되었음이 분명한 슐로스토어(Schloss Tor)를 지나 도이치하우스(Deutschhaus) 앞에 선다.

1740년에 준공된 바로크 양식의 분홍색 건물은 라인란트팔츠주의 주의회 건물로 사용되고 있는데, 지금 보수 작업이 한창이다. 바로 이 건물의 발코니에서 독일 최초의 공화국, 즉 마인츠 공화국이 1793년도에 선포되었다. 비록 수명이 짧았고, 작은 정치단위에서의 실험이었으나, 독일 최초의 정치혁명으로서 그 함의는 크다.

공화주의와 민주주의는 오늘날은 제법 독일과 어울리는 말로 들리지만, 19세기까지만 해도 독일 사람들에게는 그다지 가슴으로 와닿지 않았다. 특히, 이웃 프랑스나 영국의 당시 상황과 비교하면 더욱 그렇다. 독일은 제대로 된 시민혁명을 한 번도 거쳐보지 못한 나라다. 봉건적이고 권위적인 정치체제가 비교적 최근까지 유지되었다. 유럽 전역에 고조된 혁명 열기에 편승하여 1848년 마인강변의 프랑크푸르트에서 최초의 의회가 소집되었으나, 성공하지 못했다.

독일의 정당 가운데 역사가 가장 오래된 사회민주당(SPD)이 창당된 것은 1863년이지만 현대적 의미에서 그 본래 기능을 발휘한 것은 한참이나 뒤의 일이었다. 1871년 비스마르크가 독일을 통일한 후 왕권은 강화되었고 제대로 된 민주적 시스템은 작동하지 않았다.

독일의 민주주의와 공화정이 본격적으로 작동하기 시작한 것은 1차 대전에서 패배하고 빌헬름 황제가 물러난 이후 1919년 수립된 바이마르 공화국부터였으나, 이마저 오래 지속되지 못했다. 불과 15년 만에 히틀러가 집권해 최악의 전체주의 국가로 변했다. 2차대전이 끝나고 1949년 서독정부가 수립되고 나서야 비록 반쪽이기는 하지만 독일의 민주주의와 공화정이 완전하게 자리 잡을 수 있었다. 독일의 민주주의 역사는 불과 100년도 되지 않는다.

### 마인츠의 독일 공화국

1792년 10월 프랑스 혁명군은 스스로를 정복자가 아니라 해방자로 부르며 라인강 좌안의 오래된 도시 마인츠로 진격했다. 도시는 전투 한 번 치르지 않고 프랑스의 수중에 떨어졌다. 마인츠에는 혁명의 상징으로 '자유의 나무(Freiheitsbaum)'가 세워졌다. 사람들은 자유, 평등, 박애를 외쳤고, 교회의 오르간은 마르세이유를 힘차게 연주했다. 마인츠대학의 교수와 학생들이 주요 멤버로 참여하여 자코뱅당이 결성됐다. 프랑스가 세운 행정책임자이자 신학자인 도르쉬(A. J. Dorsch)는 관료들을 불러놓고 목소리를 높였다.

"자비나 복종과 같은 노예적 표현, 자유인에게는 어울리지 않는 모든 것들을 다 없애버립시다. 시민들의 자유와 안녕을 위해 일하는 당신들이 있어서 우리는 든든합니다."

도이취하우스

프랑스혁명에 고무된 이들은 봉건적 질곡에서 해방된 새로운 체제를 꿈꾸었다. 1793년 2월 프랑스가 점령한 라인강 좌안 마인츠 지역에서 독일 최초로 민주적 절차에 의한 선거가 실시되었고, 3월 17일 바로 이 도이취하우스 건물에서 첫 번째 의회가 소집되었다. 호프만(A.J. Hofmann) 의장은 건물 발코니에서 '독일 라인 자유국(Rheinisch-Deutscher Freistaat)'을 선포했다.

"란다우(Landau)에서 빙엔(Bingen)까지 모든 지역은 이제부터 자유와 정의에 기반하여 법을 준수하는 자유국가이다. 이 나라의 유일한 합법적

주권자인 자유국민은 그들의 대표자를 통해 독일 황제와 제국과 어떠한 연관성도 없음을 선언한다."

오랫동안 지속되어 왔던 봉건적 수직 질서에 익숙한 라인강의 사람들에게는 혁명이었다. 하지만 공화국은 불과 4개월 유지되었다. 상인과 수공업자들은 그들의 기득권을 유지하기를 원했고, 급하게 프랑스화 되어가는 마인츠를 바라보는 라인강 우안(右岸) 독일인들의 시선도 곱지 않았다. 잠시 후퇴했던 프로이센-오스트리아 연합군은 다시 마인츠를 에워싸고 포격을 퍼부었다. 수 주간 계속된 포격전에서 수천 명의 사상자가 나왔다. 마침내, 7월 22일 마인츠는 다시 게르만의 땅이 되었다. 프랑스 혁명의 불꽃은 라인강을 건너지 못하고 마인츠에서 꺼졌고, 20세기 초반이 되어서야 되살아났다.

자전거를 끌고 도이치하우스를 지나 마인츠 시내를 이곳저곳 돌아다닌다. 구텐베르크 박물관을 지나고 마인츠 대성당도 지난다. 『라인강 문학기행』의 저자 조덴(Kristine von Soden)은 마인츠를 별다르게 볼 것이 없는 '일상의 여인(Alltagsfrau)'이라고 평가하고 있지만, 성당은 지금도 독일의 3대 성당 가운데 하나로 꼽히고 있고, 마인츠 대주교는 한때 신성로마제국의 황제를 선출하는 막강한 권력을 가진 7선 제후 중에 한 명이었을 정도로 위세를 크게 떨쳤다.

근래 세간의 주목을 별로 받지 못하고 있던 마인츠가 다시 매력적인 여인으로 등장한 것은 2020년 11월 10일의 뉴스 때문이었다. 그날 마인츠에 본사를 둔 생명공학기업 BioNTech社는 미국의 거대 제약회사 화이자와 함께 세계 최초로 mRNA 방식의 코로나 백신 개발에 성공했다고 발표했다. 2014년까지만 해도 변변한 회사 홈페이지도 없을 정도로 일반인들에게는 잘 알려지지 않았던 마인츠의 회사가 갑자기 유명세를 탔고, 회사의 창업자이자 CEO이면서 동시에 백신 개발자인 사힌(Ugur Sahin)은 하루아침에 저명인사가 되었다. 기업인, 언론인 등 많은 사람이 BioNTech社와 접촉하려고 마인츠로 몰려들었다.

　사힌은 터키 출신이다. 네 살 때 독일로 이주해서 독일에서 학교를 다니고 회사를 차렸다. 그의 부인은 비록 독일에서 태어났지만 아버지는 이스탄불 출신의 터키인이다. 부인은 사힌과 마찬가지로 생명과학자로서 백신 개발에 많은 공헌을 했다. 사힌은 백신 개발사의 오너로 순식간에 큰돈을 벌어 독일 100대 부자의 반열에 들었다. 하지만, 무척 겸손하고 검소하다. 지금도 여전히 마인츠 회사 근처의 작은 집에 살고 있고 매일 자전거로 출퇴근하고 있다.

# 5

# 수도원의 밤

─ 에버바흐(Eberbach)

 

강은 마인츠부터 방향을 틀어 동에서 서로 흐른다. 본격적인 중류 라인강이 시작된다. 여기부터 과거 서독의 수도였던 본(Bonn)까지 약 160km 구간은 강과 산, 언덕, 포도밭, 고성(古城)이 서로 굽이굽이 어우러져 예전부터 라인강 여행의 백미로 불려지는 아름다운 곳이다. 19세기 독일 낭만주의자들에게는 평생에 적어도 한 번은 반드시 순례해야 하는 코스로 각인되어 있었다. 18세기 독일 작가 클라이스트(Heinrich von Kleist)는 여기 라인 계곡의 아름다움을 이렇게 묘사했다.

 

"마인츠에서 코블렌츠(Koblenz)까지 라인강은 위대한 정원사가 만든 독일에서 가장 아름다운 곳이다. 우리는 배를 타고 여행했다. 여기는 시인이 꿈꾸는 곳. 열리는가 하면 닫혀버리고, 피는가 싶더니 시들고, 웃는 줄 알았더니 사람을 깜짝 놀라게 하는 라인 계곡의 아름다움은 어떤 다른 판타지에도 비견되지 못할 것이다. 라인강은 목표점을 찾아 최단 코스를 서둘러 가려는 듯 마인츠부터 살과 같이 빨리 흐른다. 하지만, 라인가우(Rheingau)가 길을 막아선다. 아내가 남편의 거친 의지를 잠재우듯, 부드러우면서 단호하게 사나운 행진을 굴복시킨다. 라인가우는 바다로 가는 길을 조용하고 의연하게 가르쳐준다. 강은 그의 경고를 소중하게 받아들여 급한 행진을 포기하고 강기슭에 입맞춤하듯 여유 있게 천천히 흘러간다."

낭만주의자들은 라인 계곡을 보려면 세 번은 봐야 한다고 했다. 처음에는 기차를 타고 빠르게 훑어볼 것, 다음에는 증기선을 탈 것이며, 마지막으로는 천천히 걸으며 완상할 것을 권했다. 그렇게 해야 이곳의 아름다움을 제대로 볼 수 있다고 했다. 만일 그때 지금처럼 자전거가 있었으면 어땠을까? 때론 기차처럼 빠르게 질주하고 때론 아이의 속도로 유유자적, 편안하게 경치에 몰입할 수 있는 자전거가 라인 계곡을 감상하는 최상의 수단임에 이들도 동의했을 것이다.

라인강의 오른쪽을 따라가던 자전거는 엘트빌(Eltville)에서 잠시 강과 헤어져 완만한 언덕길을 오른다. 포도밭과 보리밭을 지났고, 1차대전 전

몰용사를 추모하는 자그마한 비석도 지났다. 얼마 지나지 않아 에버바흐 (Eberbach) 수도원에 도착했다. 입구에는 아카시아 나무가 유난히 눈에 많이 띄었다. 라인 강변의 다른 구조물과는 달리 강이 보이지 않는 곳에 위치한 수도원은 그리 높지 않은 산으로 포근하게 둘러싸여 있다. 현란 하지 않은 붉은색과 회색의 외벽이 짙은 초록색 숲과 선명한 대조를 이룬다.

바로크 양식의 문을 열고 안으로 들어간다. 식당이 있고, 와인제조장이 있고, 예배당이 있다. 수도원은 700년 동안 단 한 명의 성인도, 예술가도, 변변한 학자도 배출하지는 못했으나, 독일뿐만 아니라 유럽 전체 적으로 보아도 원형이 가장 잘 보존된 수도원 가운데 하나로 꼽힌다.

에버바흐 수도원은 1136년 시토회 교단 수도원으로 세워졌다. 이 무렵 유럽은 변화의 시기였다. 인구는 증가했고, 많은 도시가 건설되었다. 세 속적인 권력을 놓고 교황과 교회, 제후들 간 대립이 격화되었다. 2,000 개 이상의 수도원이 유럽의 풍경을 지배했으나, 이미 500년이나 묵은 베 네딕트의 계율을 쇄신할 새로운 교단의 출현을 고대하고 있었다.

베네딕트회는 529년 성베네딕트(St Benedict)에 의해 이탈리아 몬테카 시노에서 처음 만들어졌다. 베네딕트회는 10세기까지 서유럽 대부분의

수도원 건설을 리드했다. 엄격한 계율 아래 공동생활을 통해 하나님의 나라를 지향하고자 했다. 베네딕트 수도원의 각각은 독립성이 유지되었고, 수도원장은 외부 세력으로부터 어떠한 간섭도 받지 않았다. 그러나 이러한 독립성은 오히려 적당한 견제와 비판을 받지 못하는 결과를 초래했고, 수도원이 거대한 권력 그 자체가 되었다.

타락한 베네딕트에 대한 개혁운동이 일어났다. 먼저 10세기 전반부 클뤼니(Cluny) 수도원에서 집단적인 개혁운동이 시작되었다. 베네딕트회의 초심으로 돌아가고자 했다. 신앙심 고양에 집중했고, 미사의식이 늘어났다. 수도사는 거의 매일 개인미사를 올리고, 시편을 암송했다. 신앙에 전념하도록 수도사의 노동이 면제되었고, 수도사들이 선거로 수도원장을 선출했다. 수도원이 다시 비대해졌다. 많은 부속건물이 수도원 건물에 들어찼고, 교회본당이 웅장해지고 하늘로 치솟았다. 하나님의 나라보다는 인간 세상을 확장하려는 욕심이 앞섰다.

### 시토교단의 수도사들

11세기 후반부터 물질적 화려함과 과도한 의식에 대한 반성과 비판이 일기 시작했다. 프랑스 부르고뉴 지방의 젊은 귀족 로베르토(Robert von Molesme)는 1098년 21명의 수도사와 함께 새로운 수도원을 만들었는데, 나중에 시토(Citeaux) 수도원이라고 불렀다. 시토교단은 창립된 지 200

수도원 전경

년도 되지 않아 그 수가 1,000개를 넘어섰고, 프랑스뿐만 아니라 독일, 영국, 스페인, 이탈리아, 심지어 동유럽까지 확대되어, 교단의 수도원은 유럽 전체를 촘촘한 망으로 엮었다.

시토교단은 엄격한 계율과 본부 중심의 수직적 시스템으로 일사분란하게 조직되어 있어서 진정한 의미에서 최초의 교단이라고 할 수 있었다. 시토회는 초기 기독교 정신으로 회귀한다는 구호 아래 클뤼니 수도원의 의식을 간소화하고 노동을 강조하면서 청빈, 노동, 침묵이라는 3가지 덕목을 확립했다. 수도원 건물도 본당, 회랑, 필사실, 기숙사, 식당 등 최소한으로 줄였다. 수도사는 다시 노동에 종사했고 황무지를 개간했다. 12-13세기 유럽 농업의 부흥은 이들의 굵은 땀방울에 힘입은 바 크다.

베네딕트 수도사나 클뤼니 수도사들은 '흑의(黑衣)의 수도사'로 불린 반면, 시토회 수도사들은 흰색 바탕의 수도복에 검은색 스카풀라(scapula)를 걸치고 다녀서 '백의(白衣)의 수도사'로 불렸다. 이들은 농부나 빈민 출신이 많았고, 금욕생활을 추구했으며 계율을 엄격하게 지켰다.

수도사들은 저녁 8시경 기도를 마치고 잠자리에 들어 새벽 2시경 일어난다. 그때부터 성무(聖務)가 시작된다. 2시부터 한 시간가량 기도하고, 그다음 한 시간은 미사를 본다. 4시부터 5시까지는 성직자회의, 5시부터 8시까지는 일을 한다. 그리고, 미사, 노동, 점심식사, 노동, 저녁기도… 기도와 노동이 수도사들 삶의 거의 전부였다. 이들이 머무는 방은 장식 없이 매우 단조로왔다. 난방시설도 거의 되어 있지 않은 방에서 옷을 입은 채 여러 명이 같이 잠을 잔다. 염색하지 않은 값싼 모직물로 만든 옷, 스카풀라 한 벌만이 수도사들이 입는 옷으로 허용되었다. 개인 소지품은 숟가락과 바늘 정도에 불과했다.

수도사들은 점심, 저녁 하루에 두 끼 식사를 했다. 먹을 것의 종류와 식사 방법도 엄격하게 통제되었다. 그들은 희멀건 죽과 콩, 검은 빵을 먹었고, 육류는 금지되었다. 물고기와 새는 육류로 간주되지 않았기 때문에 먹을 수 있었다. 식재료는 전부 수도사들이 직접 키운 작물에서 조달되었다.

식당에 들어가기 전 수도사들은 줄을 서서 손을 씻었고, 장방형의 긴 식탁에 촘촘히 붙어 앉아 식사했다. 수도원장이 낭독하는 성경구절을 들어야 했으므로 식사 중 서로 말하는 것은 금지되었다. 열악한 생활환경 때문이었는지 수도사들의 평균수명은 짧았다.

에버바흐 수도원은 1806년부터 수도원으로서의 기능을 상실하고, 감옥 등 여러 다른 용도로 사용되었다. 하지만, 와인제조 기능은 변하지 않고 지금도 그대로 유지되고 있다. 중세시대 이곳에서 7만 리터의 와인이 만들어졌고, 지금도 이곳에서 만들어진 와인은 제법 지명도가 있다.

헤센(Hessen)주 정부와 공공기관들은 수도원의 와인을 프로모션하는 데 무척 적극적이다. 주정부 주요 인사나 경찰, 방송국 등 주요기관을 방문하면 대개 서로가 준비한 선물을 교환하는 경우가 많은데, 필자가 이들로부터 받았던 에버바흐 로고가 찍힌 화이트 와인은 다른 곳에서 받은 와인 전부를 합한 것보다도 많았다. 헤센주 경찰은 와인 상자에 아예 경

수도원 내부

찰 로고까지 새겨서 선물을 하곤 했다.

 몇 년 전 어느 여름밤 수도원 본당 바실리카에서 트럼펫 연주회가 열렸다. 유럽 최대임을 자랑하는 라인가우 뮤직 페스티벌의 개막공연으로 기억한다. 76세의 노익장 귀틀러(Ludwig Guettler)는 고령의 나이에도 불구하고 헨델과 비발디와 바흐를 완벽하게 소화했다. 한밤중에 운집한 수천 명의 관객들은 천둥소리와 같은 큰 박수로 화답했다. 바실리카의 오래된 석조 기둥이 일렁거렸다. 관객들에 휩쓸려 연주회 장소에서 빠져나왔다. 수도원 정원에서 한참을 서성이다 쏟아지는 별빛 아래에서 이곳에서 만든 차가운 화이트 와인 한잔을 마셨다. 와인을 즐기지도 않고 맛을 분별할 능력도 없지만 적당한 당도에 깔끔한 뒷맛이 좋았다.

이미 오래전에 세상을 떠난 독일의 연극 비평가 키아우렌(Walther Kiaulehn)은 이곳 라인가우에서 제조된 와인을 다른 지역 와인과 이렇게 비교했다.

"모젤와인은 젊은 처녀이고, 팔츠와인은 투박한 남쪽의 아름다움을 지니고 있다. 라인가우 와인은 우아한 30세의 여인(Frau), 즉 숙녀(Dame)라고 할 수 있다. 숙녀란 무엇인가? 숙녀란 삶의 어떠한 순간에도 바르게 처신하는 여인이다. 라인가우 와인도 그렇다. 라인가우 와인은 정치인들이 사무실에서 조용히 대화하면서 마시기에 좋고, 귀족들의 향연에 품격을 높여주며, 조촐한 아침식사 때는 친밀감을 고양시키고, 잿빛 일상을 아름답게 만든다."

# 6
## 강변의 집 그리고 보리수
- 빈켈/가이젠하임(Winkel/Geisenheim)

수양버들 우거진 라인강 자전거 길을 따라 빈켈(Winkel)에 있는 브렌타
노하우스(Brentanohaus)에 도착한 것은 늦은 오후 무렵이었다. 브렌타노
의 집은 강에서 멀지 않은 곳에 있다. 철학자, 경제학자, 사업가, 시인 등
브렌타노 性을 가진 역사적 인물들은 많다. 그 가운데 19세기 낭만주의
시대 시인의 이름은 클레멘스 브렌타노(Clemens Brantano)다.

아이헨도르프(Eichendorf)로부터 "詩 자체"라고 극찬을 받은 그는 독일
로 이주해온 부유한 이탈리아 상인의 아들로 태어났다. 어머니는 괴테
의 연인으로도 알려져 있다. 그는 19세기 초엽 아르님(Achim von Arnim)
과 함께 라인강 유역을 다니면서 민요집 『소년의 요술피리(Des Knaben

Wunderhorn)』를 출판했다. 민요집에 담긴 서정적 분위기와 모티브는 아이헨도르프, 뫼리케 등 수많은 낭만주의 작가들과 슈만, 브람스 등 당시의 음악가들에게도 많은 영향을 끼쳤다. 라인강 협곡의 높은 바위에서 강을 지나는 선원들을 유혹하는 로렐라이 요정에 관한 이야기는 하이네의 시로 인해 본격적으로 유명세를 타기는 했으나, 처음으로 문자화한 것은 브렌타노였다.

이들이 민요집을 발간한 것은 단순히 낭만적, 서정적 동기 때문만은 아니었다. 나폴레옹의 군대에 대항해 독일인들의 민족주의를 고취시키려는 목적이 강했다. 민요집에는 이름 없는 민중의 애환, 민족의 운명, 사랑과 슬픔, 아련한 동경 등 낭만주의적 요소들이 농밀하게 뒤섞여 있었다. 민요집은 독일의 문인들과 음악가뿐만 아니라 멀리 오스트리아까지도 영향을 주었다. 특히, 구스타프 말러는 다른 어떤 작곡가들보다 요술피리 민요집에 지대한 관심을 보였다. 말러는 "나는 마흔이 될 때까지 내 음악자료는 전적으로 〈요술피리〉 민요집에서 취하고 있다."라고 말할 정도였다.

라인강의 낭만주의자들

열다섯 명 정도의 사람이 모이자 안내인이 문을 열어 주었다. 브렌타노하우스는 별다른 특징이 없는 아담한 이층집이다. 안내인은 집의 내부 장식이 옛날 그대로 잘 보존되어 있다고 몇 차례 강조했다. 이 집은 시인 클레멘스 브렌타노의 배다른 형제인 프란츠(Franz Brentano)가 그의 형제 게오르그(Georg Brentano)와 함께 1804년에 공동으로 구매했다. 이곳에서 멀지 않은 프랑크푸르트에 직장을 두고 살고 있는 부유한 상인 프란츠 브렌타노는 경치 좋은 라인 강변 집을 처음에는 여름 휴가 때만 잠시 사용하는 별장으로 사용하다가 나중에는 가족들과 함께 살았다.

상인 프란츠 브렌타노는 사람들과 교유하는 것을 꽤나 즐겼나 보다. 그는 괴테, 아르님, 그림 형제, 슈타인(Freiherr vom Stein)등 많은 문인들을 자주 집으로 불러 모아 라인가우 와인을 마시며 놀았다. 이 집이 종종 낭만주의자들의 아지트라고 불린 이유였다.

특히, 괴테는 이곳을 자주 방문했는데, 1814년 9월에는 3주간 장기 유숙한 것으로 기록되어 있다. 주인은 그에게 방 두 개를 제공했다. 하나는 침실, 또 하나는 그의 집필실로 꾸몄다. 지금은 집 앞으로 건물들이 많이 들어서 시야가 좋지 않지만 괴테가 묵을 당시에는 이층에서 창밖으로 라인강이 보여 전망이 제법 좋았다고 한다. 주인은 괴테가 까탈스럽고 매너가 좋지 않은 손님이었다고 일기장에 썼다. 매일 늦잠을 잤고, 표정도 늘상 시무룩했고, 잠옷 바람으로 왔다 갔다 했으며, 말을 걸어도 대답도 잘하지 않았다고 한다. 식사시간이 되면 음식을 접시에 가득 담아 들쑤

서 놓기만 하고 거의 대부분을 남겼다. 밤마다 뤼데스하임(Rüdesheim) 리스링을 끝없이 마셨다. 그가 서동시집(西東詩集)에 몰두하던 때라 신경이 날카로워져서 그러했을 것이라고 사가들은 평가하고 있다.

집은 이후 브렌타노 성을 가진 다른 가족들이 소유해 오다가 2014년도에 헤센 주정부에서 120만 유로를 주고 구입해서 지금은 문화재로 관리해오고 있다.

프랑크푸르트에는 괴테가 태어난 생가를 개조해서 만든 괴테박물관이 있다. 프랑크푸르트를 방문하는 관광객이라면 으레 들르는 꽤 유명한 곳이다. 프랑크푸르트 괴테박물관 관장을 집으로 초대해서 얘기를 나눈 적이 있었다. 이란 출신 학예연구관과 함께 온 그녀는 은행나무 이파리 두 장이 서로 기대선 그림과 괴테의 「은행나무(Gingko Biloba)」 시(詩) 구절이 쓰여진 머그컵을 선물로 가져왔다. 괴테에 관한 박물관 운영에 대해 관심을 표명하자 박물관장은 마치 비밀스러운 무엇인가를 알려주듯이 작은 목소리로 "괴테박물관 바로 옆에 재단 소유의 낭만주의 박물관을 새로 짓고 있다. 이 낭만주의 박물관과 빈켈의 브렌타노하우스를 하나로 묶어 낭만주의와 관련된 작품을 전시하고 이벤트도 개최할 계획을 하고 있다. 기존의 괴테박물관은 고전주의에 특화시킬 것이다. 이렇게 되면 독일 고전주의와 낭만주의가 박물관 세 개의 멋진 콜라보를 통해 완성될 것이다."라고 말했다. 훌륭한 계획이라고 맞장구를 쳐주었다. '그러기 위해서는 빈켈의 브렌타노하우스가 너무 비좁고 초라해요.'라는 말은 속으로만 했다.

브렌타노하우스를 나와 자그마한 강변 마을의 뒷골목을 자전거와 함께 걷는다. 허름한 집으로 둘러싸인 비좁은 골목 한구석 교회 앞에 마인츠 대주교였던 마우루스(Rabanus Maurus)의 동상이 서 있다.

대주교는 서기 786년부터 850년까지 살다 이곳에서 죽었다. 그는 대기근이 닥쳐왔을 때 하루 300명도 넘는 사람들에게 먹을 것을 주어 아량과 관용의 표상이 되었고, 초기 기독교 전통을 중세 초기 사람들의 사고방식에 맞도록 해석해 주었으며, 독일어권에서 성경 전체에 주석을 단 최초의 학자이기도 했다. 그는 또한 종교뿐만 아니라 자연과학, 철학에도 해박해 이 분야에서 방대한 저술 활동을 하기도 했다. 이전부터 구전되어 오던 성가 〈오소서 창조의 영이여(veni, creator spiritus/Komm Schöpfer Geist)〉를 자신의 언어로 정리해 놓아 오늘날까지도 오순절 성가로 불려진다. 19세기 낭만주의 시대 사람들은 그를 "독일의 첫 번째 스승(primus praeceptor germaniae)"으로 불렀다. 하지만, 오늘 현지인도 관광객도 그를 알아보는 이는 거의 없는 듯하다. 지나가는 어느 누구도 그의 동상 앞에 멈춰 서지 않는다. 동상만이 홀로 덩그러니 서 있다.

그림자의 길이가 점점 길어진다. 길 가던 중년의 여성에게 물었다. "근처에 귄더로데(Karoline von Günderrode)의 묘지가 있다고 들었는데, 혹시 어딘지 아는지요?" 나이에 비해 청바지가 제법 잘 어울리는 여인은 내게 되물었다. "귄더로데가 누군지요? 처음 들어보는 이름인지라…." 두 번째 행인에게 물어보려는 순간 대주교의 동상이 서 있는 교회 바로 뒤에 공동묘지 비슷한 것이 보였다. 다 둘러보아도 5분이 채 안 걸릴 것 같은 작은 공동묘지였다. 귄더로데의 무덤은 묘지 초입에서 어렵지 않게 찾았다. 누군가가 가져다 놓은 흰 장미 한 송이가 비석 위에서 바람을 이기려고 몸부림치고 있는 것이 안쓰러워 슬쩍 방향을 바꿔 놓았다.

권더로데의 무덤

권더로데는 26세의 나이로 세상을 떠난 "낭만주의 사포"로 불리던 여류시인이었다. 그녀는 어린 나이에 많은 문인들과 교제했고 그들로부터 문학적 재능을 인정받았다. 24세 되던 해 첫 번째 시집을 발간하자 괴테와 브렌타노는 그녀의 비범한 시재(詩才)를 알아보고 크게 감복했다.

하지만 그녀는 시대와 불화를 이루었다. 1789년 프랑스혁명의 자유, 평등, 박애의 이념이 독일 사회에 전파되는 속도는 그녀가 생각했던 것보다 훨씬 느렸다. 19세기 초 독일 사회의 성의식은 여전히 낙후되어 있었고, 여성은 남편과 침대를 나누는 존재 이상이 아니었다. 심지어 글을 쓰는 일도 온전히 남성 몫이었다. 그녀는 'Tian'이라는 남자 이름으로 첫 번째 시집을 발표해야만 했다.


검은 머리카락에 푸른 눈, 긴 눈썹, 오똑 솟은 코와 얇은 입술, 호리호리한 키는 보기에도 감성적이었다. 그녀는 예술과 삶과 사랑을 하나로 일치시키기를 원했던 낭만주의자였다. 몇 번의 연애에 실패한 후, 고대문헌학자인 하이델베르크대학 교수 프리드리히 크로이쳐(Friedrich Creuzer)와 사랑에 빠졌다. 하지만, 그는 이미 유부남이었다. 남자는 여자에게 이별을 통보한다. 1806년 26세의 귄더로데는 어느 여름 새벽 라인 강변의 버드나무 아래에서 단도로 자살한다. 브렌타노하우스가 낭만주의자들로 북적였던 이유 가운데 하나도 죽음으로써 영원한 사랑을 쟁취하고자 했던 젊은 여류시인이 자살한 장소가 그곳에서 불과 몇백 미터 밖에 떨어져 있지 않았기 때문이기도 했다.


그녀가 추구했던 남녀 평등의식, 사랑과 자유를 향한 열망은 당시 부

브렌타노하우스

르조아 여성들의 내면의식을 대변했고, 그녀의 급진적인 감정표현은 억눌려 살고 있던 그 시대의 여성들을 열광시켰다. 귄더로데가 세상을 떠난 뒤 베티나 아르님은 그녀와 주고받은 편지와 그의 문학적 상상력을 덧붙여 1840년 소설 「귄더로데」를 발표했다.

그녀의 현대성은 1970년대 여권운동에까지 영향을 미쳤다. 동독의 여류작가 크리스타 볼프(Christa Wolf)는 1979년 발표된 소설 「세상 어디에도 갈 곳이 없네」(Kein Ort. Nirgends)를 통해 귄더로데와 1811년 베를린에서 권총 자살한 극작가 클라이스트(Heinrich von Kleist)를 빈켈의 살롱에 함께 불러내어 이 세상에 짧게 머물다간 두 영혼을 위무했다.

땅거미가 서서히 지고 있는 저녁, 보슬비가 추적추적 내린다. 한참을 달려온 자전거는 이제 휴식을 취할 때가 된 모양이다. 양쪽 다리에 힘을 많이 주어도 앞으로 나가는 속도가 시원찮다. 땀에 빗방울이 가세해서 바지가 축축하다.

### 보리수 아래의 휴식

가이젠하임(Geisenheim)의 보리수나무 아래 앉아 미지근한 물로 목을 축인다. 강바람에 보리수 이파리가 파르르 흩날린다. 마을의 한가운데 광장에 우뚝 서 있는 보리수는 홀로였으나 외로워 보이지 않았고 광장을 오롯이 다 차지했지만 욕심이 묻어나 보이지 않았다. 마을 안에 나무가 들어선 것이 아니라 나무를 중심으로 마을이 형성된 듯 마을은 나무를 의지하고 있다. 이 보리수나무 아래에서 마을 사람들은 매년 7월 둘째 주에 '보리수축제(Lindenfest)'를 연다. 작은 규모의 마을 축제이지만 역사는 꽤나 오래되었다고 한다.

나무 중간에는 수령이 700년이 되었다는 표지판이 붙어 있다. 멀리서 본 나무는 풍요롭고 탐스러워 보였지만, 가까이서 본 나무의 실체는 처참했다. 이미 홀로 지탱할 수 없는 상태가 되었다. 육중한 철 구조물이 여기저기 나무를 떠받치고 있다. 보통의 보리수들보다 많은 곁가지가 나

무의 홀로서기를 더욱 힘들게 하고 있는 듯 보였다. 철각에 의지해 가까

스로 서 있는 고목의 헐떡이는 숨소리를 계속 듣고 있는 것이 민망해 시

청사 앞 벤치로 자리를 옮겼다.

가이젠하임의 보리수

보리수는 오래전부터 행운을 가져다주는 나무로 알려져 있다. 우리나

라 일부 학자들은 독일어 린덴바움(Lindenbaum)을 보리수로 옮긴 것은

잘못이고, '유럽피나무'가 올바른 번역이라고 주장하지만, 이미 친숙해진

보리수를 다른 말로 바꾸고 싶지는 않다. 중세시대에는 보통 도심에 요

즘과 같은 가로수로 나무를 심지 않았다. 도시의 경계선 안으로 나무의

입장이 허용되지 않았다. 다만, 보리수만은 예외였다. 오직 보리수만이

인간과 가까운 거리에서 함께했다. 보리수는 사랑의 서약을 상징하는 나

무로서 낭만주의자들로부터 총애를 받았다. 낭만주의 시인들은 보리수 아래에서 사랑을 노래하고 번민하고 그 그늘 아래에서 죽는 것을 동경했다.

"성문 앞 우물곁에 서 있는 보리수. 나는 그 그늘 아래 단꿈을 꾸었네…."
   – 슈베르트의 연가곡 〈겨울나그네(Winterreise)〉의 다섯 번째 곡 〈보리수〉

우리는 보리수를 작곡한 슈베르트는 잘 기억하고 있지만, 정작 노랫말을 쓴 사람은 잘 모른다. 이 곡은 원래 뮐러(Johann Ludwig Wilhelm Müller)라는 시인의 시에 슈베르트가 곡을 씌운 것이다.

뮐러는 1794년에 태어났고 베를린에서 어문학을 공부했다. 김나지움 교사로서도 활동했고, 도서관에서 일하기도 했다. 괴테, 티크(Tieck), 울란트(Uhland) 등의 문인들과도 교제했다. 하이네는 가곡 시인으로는 괴테 다음으로 그를 좋아한다고 말하기도 했다. 슈베르트 이외에 브람스 등 240명의 작곡가가 그의 시 123개에 곡을 붙였다. 그는 나폴레옹 군대에 저항하는 프로이센군의 해방전쟁에 참전했고, 그리스의 독립운동에도 많은 관심을 가졌다. 그리스 독립에 대한 남다른 열정으로 '그리스인 뮐러'라는 별칭도 가졌다.

시인은 여행을 무척 좋아했다. 교통편이 좋지 않았던 시절이었으나 브뤼셀, 비엔나, 뮌헨, 로마, 폼페이, 나폴리, 플로렌스 등 많은 곳을 다녔다. 1827년 7월부터 9월 말까지 부인과 함께 라인강을 여행했고 집으로 돌아온 지 5일 만에 심장병으로 세상과 이별했다.

　시인이 가곡 〈보리수〉의 시상(詩想)을 떠 올린 곳은 물론 이곳이 아니다. 그가 마지막 라인강 여행을 하면서 이곳에 들렀는지, 이 보리수를 보았는지도 알 길은 없다. 다만 그가 만일 이곳에서 시간을 보내면서 이 나무 아래 앉았다면 「성문 앞 우물곁 보리수」와 「라인강 포도밭 아래 보리수」의 연작시가 탄생할 수도 있었을 거라는 상상을 해보았다.

　피셔 디스카우도 프리츠 분덜리히도 아닌 토마스 크바스토프의 보리수가 어울릴 것 같은 서늘한 라인 강변의 저녁, 지쳐 누워버린 자전거를 일으켜 세우며, 세상 소풍 끝내고 하늘로 돌아간 천상병 시인은 어찌하여 이 노래를 들으며 밤새 울었을까? 볼프 여사가 지금도 살아 있다면 뮌헨의 슈바빙 거리에서, 이자르 강가에서 배회하다 31세 나이로 서둘러 세상을 떠났던 전혜린도 초대하여 귄더로데와 클라이스트의 라인 강변 회동에 합류시키는 것이 어떨지 제안하고 싶다는 생각을 하면서 벌써 어두워진 골목길을 재촉했다.

Lorenz Clasen의 라인을 지키는 게르마니아 그림

# 7
# 포도밭 언덕

   - 뤼데스하임(Rüdesheim)

아스팔트로 산뜻하게 포장된 자전거 길이 포도밭 사이로 잘 정비되어 있다. 오가는 사람이 많지 않은 포도밭 길을 자전거와 단둘이서 호젓하게 산책한다. 하늘은 푸르고 바람은 부드럽다. 스쳐지나가는 자전거 여행족들의 표정은 어느 곳에서보다도 밝고 행복해 보인다. 포도밭 너머 언덕 위로 요하니스베르크(Johanisberg)城이 아득하게 보인다. 성은 한 치의 흐트러짐도 없이 좌우대칭으로 완벽한 균형미를 뽐내며 장엄하고 엄숙하게 포도밭을 내려다보고 있다. 요하니스베르크는 전 세계 와인 애호가들이 모여드는 곳으로 독일 화이트와인의 중심지이자 독일 와인 생산 역사가 본격적으로 시작된 독일 와인의 성지 같은 곳이다. 여기서 생산되는 리슬링와인은 세계 최고의 화이트와인 중 하나로 평가받고 있다.

요하니스베르크

    이 지역은 라인강을 굽어보는 뛰어난 풍광으로 문인들의 사랑을 받아 왔고, 많은 글 속에 이들의 감동이 담겨 있다. 역사학자이자 비평가인 포크트(Niklas Vogt)는 이렇게 쓰고 있다.

    "요하니스베르크로 가는 길이 점점 좁아지고 오르기 힘들어진다. 포도 넝쿨 사이를 뚫고 지나가니 멋진 성 앞에 다다른다. 이곳은 라인가우에서 가장 전망이 좋은 곳 가운데 하나다. 아마도 독일의 와인신전으로 적격일 것이다. 라인강이 부드럽게 굽이쳐 흐르고 파도는 은빛으로 반짝인다. 그윽한 그늘에 걸려있는 바위와 나무들에 덮여 있는 강은 섬들을 뿌려놓았다. 셀 수 없이 많은 농가와 마을, 수도원들이 때로는 계곡에 묻혀 있고, 때로는 사랑스런 섬 가운데, 그리고 때로는 나무와 산 가운데서 솟아있다. 지나가는 뱃사공들의 즐거운 외침이 메아리치는 벌거벗은 바위 위에 부서진 고성이 외로이 슬퍼하고 있다."

이곳 라인강 동쪽 길은 자전거 타기에 이상적이다. 적당한 높낮이의 구릉과 포도밭이 끝없이 펼쳐져 있다. 푸른 포도가 주저리주저리 달려 있는 포도밭 언덕을 몇 차례 정복하고 '성 힐데가르트 수도원(Abtei St.Hildegard)'에 닿았다.

## 초록의 힘

수도원 본당은 흰색 벽면에 조그만 청색 십자가가 군데군데 달려 있고 예수가 열두 제자와 함께 마지막 만찬을 하는 그림, 힐데가르트 수녀가 아이를 치료하는 모습, 바바로사 황제와 대화하는 장면 등 그녀의 일대기가 벽면을 장식하고 있다. 두 팔을 활짝 벌린 예수가 천장에 가득하다.

수도원 정원에는 장미꽃으로 둘러싸인 잔디 한가운데 힐데가르트 수녀의 청동상이 서 있다. 하늘거리는 망토로 가녀린 몸과 양팔을 감싼 채 살며시 눈을 감고 있는 그녀의 묘한 표정이 눈길을 끈다. 차분하고 평온해 보이긴 하지만, 그다지 행복해 보이지는 않는다. 오히려 고뇌와 우수

힐데그라크 수녀 동상

가 녹아 있는 얼굴, 그녀는 무엇을 하고 있는가? 기도하고 있는가, 묵상
하고 있는가, 하늘로부터 계시를 받고 있는 것일까? 아니면 악상을 떠올
리고 있는가?

힐데가르트는 보통 '빙엔의 힐데가르트(Hildegard von Bingen)'로 불린
다. 빙엔은 이곳 강 건너편 마을 이름이다. 성인의 칭호를 받아서 이름
앞에 '성(Saint)'이 붙어 '성 힐데가르트'라고도 한다.

그녀는 1098년 보름스 근처의 작은 마을에서 태어나서 생의 대부분을
빙엔에서 보냈고 1179년 죽었다. 81세에 세상을 떠났으니 당시로서는 무

척 오래 살았다. 힐데가르트는 중세, 근세, 비교적 최근까지 독일에서 가장 널리 알려진 여성으로 평생 수녀로 살았지만, 그녀의 이름 앞에는 작곡가, 언어학자, 철학자, 과학자, 의사, 상담가, 약초학자, 시인, 여성운동가, 예언자 등 많은 수식어가 붙는다. 심지어는 독일 최초의 녹색당원이라고 말하는 이들도 있다. 한마디로 만물박사 수녀였다.

그녀는 오페라의 기원이라고 불리는 '오르도 비르투툼(Ordo Virtutum)'이라는 음악극을 만들었는데, 중세 음악극 가운데 작가와 곡이 보존된 유일한 곡으로서 음악사적 가치가 높다고 한다. 그녀는 음악사에 등장하는 최초의 여성 작곡가라는 영예로운 자리를 차지하고 있기도 하다.

그녀는 주변에서 흔히 자라는 각종 식물을 채집하고 약초를 통해 사람들을 치료했고 그녀의 약초학 방법론은 지금까지도 대체의학 분야에서 연구되고 있다. 식물 재료로 만든 그녀만의 독특한 건강식단은 현대의 채식주의자들에게도 각광을 받고 있다. 힐데가르트는 언어학에도 정통했고 자신이 지은 책에 삽화도 직접 그려 넣었다.

그녀가 여권운동가로 불리는 것은 사상 최초로 여성만을 위한 독립된 수녀원을 건설했기 때문일 것이다. 남성 중심의 수도원에 반기를 들고 여성만의 독립 공간을 만들었다. 여기서 멀지 않은 곳에 있는 루페르츠베르크(Rupertsberg) 수도원과 아이빙엔(Eibingen)의 수도원이 그것이다.

그녀가 다양한 분야에서 박식했고 인류 발전에 기여하는 많은 업적을 남겼으나, 그녀의 본령은 신앙의 영역이었다. 세 살 때부터 하나님의 계시를 자주 경험했는데 힐데가르트의 환영 체험은 당시에도 이미 많이 알려졌다. 환영이 진정 하늘로부터의 것인지에 대해 교황청의 조사를 받았으나 교황청은 그녀의 환영을 신의 계시로 인정했다. 그녀는 말했다.

"나는 눈으로 보는 것이 아닙니다. 귀로 듣는 것이 아닙니다. 오직 내면을 통해서 봅니다. 결코 황홀한 무의식의 세계를 경험하는 것이 아니라 깨어 있는 상태에서 하나님의 계시를 봅니다."

정원 바로 옆에 서점이 있다. 그녀에 관한 책이 대부분의 서가를 점령했다. 『영혼을 위한 힘의 원천』, 『힐데가르트의 생과 작품』, 『천사의 비밀』, 『영혼은 결코 늙지 않는다』, 『삶의 기쁨』, 『건강과 치유의 기법』, 『힐데가르트 의학』, 『영적 치유』, 『중세시대의 가장 강력한 수녀 힐데가르트』, 『라인강의 예언자』, 『힐데가르트의 환영』, 『성 힐데가르트의 손길』, 『힐데가르트 요리책』, 『힐데가르트 약국』, 『힐데가르트 단식법』, 『힐데가르트 건강 프로그램』…. 명상, 건강, 요리 등 다양한 분야의 책이 그녀의 이름을 빌려 출간되었다.

서가를 빼곡하게 장식한 책들 가운데 우리나라에도 잘 알려진 그륀 (Anselm Grün) 신부가 쓴『힐데가르트와 함께 회복되다』라는 소책자에 한참이나 눈길이 머물렀다. 그의 책 몇 페이지를 넘겨보았다. 그륀 신부의 '초록의 힘'에 관한 설명이 흥미로왔다.

"힐데가르트의 핵심개념은 라틴어로는 'viriditas'라고 하는 '초록의 힘 (Grünkraft)'이다. 이 힘은 발아하고 성장하고 열매를 맺는 생명의 힘을 의미한다. 신은 이 힘을 자연 속에 부여했고 인간에게도 선물로 주었다. 이 힘은 인간 안에서 지속적으로 삶의 동력으로 발현되고 있다. 힐데가르트는 태초부터 모든 피조물은 이러한 생명의 힘, 초록의 힘을 가지고 있었으나 인간이 신에 대해 등을 돌림으로써 이 힘을 상실하고 말았다고 한다. 신 자체가 바로 생명이다. 신은 초록의 힘 안에서 모습을 나타낸다. 인간이 내적으로 시들어버리면 신으로부터 멀어지는 것이다.
초록의 힘은 우리를 살아 있게 만드는 신의 강력한 추진력이다."

자전거는 성당을 내려와 언덕의 허리를 타고 서쪽으로 계속 달린다. 강물이 물고기 비늘처럼 반짝거리고, 짐을 잔뜩 실은 검은 화물선이 물살을 거스르며 상류로 느릿느릿 움직인다. 길이 제법 가팔라지는가 싶더니 거대한 동상이 눈앞을 가로막는다. 힐데가르트의 그것과는 비교할 수도 없는 어머어마한 크기의 여인이 언덕 위에 버티고 서 있다. 한 손엔

통일 기념비

왕관 또 한 손엔 장검을 든 거대한 여인의 앞에 포도밭도 라인강도 주눅이 들었다. 이곳의 지명을 붙여 보통 '니더발트' 기념비로 불리는 독일 통일 기념비다.

### 게르마니아와 브람스

1871년 독일이 통일되자 국가적 규모의 기념비를 세우자는 제안들이 쇄도했다. 기념비는 라인강 언덕에 세우기로 했다. 이곳을 택한 것은 라인강이 독일과 프랑스간 치열한 공방의 경계선을 이루었고, 독일 역사와 전설, 그리고 동화의 세계에 자주 등장하는 무대였으며, 독일 민족의 상징과도 같은 곳이었기 때문이었다. 많은 예술가들이 경쟁했고, 그 가운데 조각가 쉴링(Johannes Schilling)이 선택되었다.

기념비는 1877년 9월 착공되어 1883년에 완공되었다. 낙성식은 1883년 9월 28일 금요일 정오에 열렸다. 당시 비스마르크는 기념비 사업에 별다른 관심이 없어 통일 독일의 황제 빌헬름 1세가 낙성식에 참석했다. 여신상 옆에는 황제가 잠시 머무를 천막도 설치되었다.

행사는 3일간 진행되었다. 낙성식은 어수선했고, 몇 가지 해프닝도 벌어졌다. 군인들이 서로 신호가 잘 맞지 않아 황제가 연설을 끝내기도 전에 축포를 쏘았고, 강에서 대기하던 배들은 잘못된 시그널에 맞추어 포를 발사했다. 황제에 대한 암살 시도도 있었다. 무정부주의자 두 명이 니트로 글리세린 병을 준비해와 황제를 죽이려고 했으나, 마침 전날 비가 많이 와서 도화선이 눅눅해지는 바람에 실패하고 말았다.

니더발트 기념비의 가장 중요한 부분은 높이 12.5m, 무게가 32t이나 되는 거대한 게르마니아 청동 여신상인데, 쉴링이 자기 딸을 모델로 삼아 만들었다.

기념비의 주춧대 밑 부조에는 실제 크기와 동일한 133명의 인물이 조각되어 있다. 가운데는 프로이센의 빌헬름 왕이 말을 타고 있고, 오른쪽에는 북독일, 왼쪽에는 남부독일의 제후와 장군들이 그를 에워싸고 있다. 부조의 장면은 통일 이후의 상황을 보여주는 것이 아니라 전투에 임하기 전의 다소 긴장된 모습을 재현하고 있다.

부조의 왼쪽으로는 전쟁을 은유하는 날개 달린 수호신이 헬멧과 갑옷을 입고 트럼펫을 불고 있다. 오른손에 든 칼은 밑으로 처져 있는데 전투가 승리로 끝났음을 암시한다. 조각가는 전쟁의 신을 의도적으로 프랑스 방향으로 틀어 놓았다. 반면, 부조 오른쪽에 세워진 평화의 천사는 독일 쪽을 향하고 있다. 천사는 평화를 상징하는 올리브 가지를 들고 있다. 주춧대에는 기념비를 세운 목적, "합심 단결하여 승리를 이루어낸 독일 민족의 의기양양함과 독일제국의 재건을 기념하여"라고 쓰여 있다.

여신 게르마니아의 오른손은 월계수를 두른 제국의 왕관을 들고 있고, 왼손 역시 월계수로 감은 칼을 집고 있다. 머리카락은 참나무 이파리를 두르고 있다. 옷은 독일의 전설과 동화에 자주 등장하는 독수리, 용, 백조, 사슴, 까마귀 등으로 장식되어 있다. 몸 전체는 남쪽을 향하고 있으나, 머리는 약간 왼쪽, 즉 동쪽의 독일을 바라보고 있다.


언덕을 올라왔으니 이제는 내려갈 일만 남았다. 강바람을 타고 내리달린다는 것, 생각만으로도 흥분되는 일이다. 자전거 페달에 발을 얹으려는 순간, '브람스길(Brahmsweg)'이라는 양철 표지판이 길 한편에 서 있는 것이 보였다. 이곳에서 브람스를 만날 줄은 몰랐다. 안개 잔뜩 낀 북

독일 함부르크 혹은 어스름한 비엔나의 뒷골목을 배회하는 브람스는 쉽게 상상이 가지만, 포도 넝쿨 우거진 햇빛 찬란한 라인강 언덕의 브람스는 어쩐지 생경해 보인다. 브람스가 여기에 왔던 적이 있던가? 그러고 보니 그의 3번 교향곡이 이곳에서 멀지 않은 도시의 이름을 따온 〈비스바덴 교향곡〉으로 불리지 않던가?

독일 통일 기념비의 낙성식이 있었던 1883년 가을 만년의 브람스는 평소 알고 지냈던 비스바덴의 사업가 베케라트(Rudolf von Bekerath)로부터 초대를 받았다. 그는 여름부터 가을까지 4개월 동안 베케라트가 마련해준 비스바덴 시내가 내려다보이는 전망 좋은 집에 있으면서 교향곡 3번을 썼다. 베케라트는 브람스와 동갑내기였고 바이올린도 곧잘 연주했다. 브람스는 그로부터 많은 도움을 받았다. 비스바덴 출신 알토 가수 슈피스(Hermine Spies)를 소개해준 사람도 베케라트였다. 50세의 브람스는 26세의 젊고 예쁘고 쾌활하고 유머가 넘치는 슈피스에 연정을 품었다. 브람스의 비스바덴 체류의 중요한 목적은 실상 슈피스와의 만남이었다. 그는 슈피스에 대한 사랑으로 행복한 여름날을 보내면서 비교적 짧은 4개월 동안 3번 교향곡을 완성했다. 비교적 짧은 기간에 완성한 이 교향곡이 다른 교향곡보다 밝고 경쾌한 것은 라인의 멋진 풍광과 슈피스를 향한 연애 감정에 연유한다. 하지만, 브람스와 슈피스의 관계는 그리 오래가지 못했다. 브람스가 다가가면 갈수록 슈피스는 브람스를 부담스러워

했고 멀리했다, 마침내 관계는 끝이 났다.

돈 많은 사업가 베케라트는 뤼데스하임에 포도밭도 가지고 있었다. 산책을 좋아했던 브람스는 이곳 포도밭 언덕으로 자주 와서 어슬렁거리며 악상을 떠올리며 라인가우산 와인을 즐겨 마셨다. 그래서 그가 즐겨 다니던 이 근처 길을 '브람스길'이라 부르고 있다. 브람스는 라인가우 와인을 무척 좋아했다고 한다. 브람스가 비엔나에서 세상과 작별하던 마지막 날 오전 유난히 목말라하는 그에게 의사가 라인가우산 와인을 한잔 주었다. 브람스는 천천히 들이키며 "참 좋다."라는 한마디를 남기고 하늘의 부르심에 응했다.

브람스의 이곳 체류 기간이 독일 통일 기념비 낙성식 기간과 겹쳐 브람스가 낙성식에 참여했는지에 대해 사가들의 의견이 분분하다. 워낙 큰 행사에다 원래 산책을 좋아했던 브람스인지라 산책길에 기념식에도 들러 보았을 것이라는 설, 가기는 갔지만 그냥 멀리서 바라보았을 것이라는 주장, 성격상 이러한 행사를 싫어해서 가지 않았을 것이라는 사람들의 입장이 대립된다.

정확한 사료가 없어 어느 주장이 맞는지 알 길이 없으나, 나는 브람스는 낙성식이 열리던 그날, 밖에서 무슨 일이 벌어지는지에 대해서는 전

혀 관심을 두지 않고 창문을 활짝 열어놓은 채 오른손으로 긴 턱수염을
쓰다듬으며 그의 곁에서 점점 멀어져가는 슈피스를 그리며 가곡 〈우리는
걸었다(Wir wandelten)〉를 조용히 읊조렸을 것이라고 결론을 내렸다.


우리는 함께 걸었지
나도 말이 없었고 너도 말이 없었다
어쨌든 네가 어떤 생각이었는지 알려고
했어야 했는데


내가 생각했던 것은
잠자코 내버려 두자는 것
난 다만 이런 말을 했지, 모두 정말 아름다웠다고
모두가 천상의 즐거움이었다고


머릿속으로 그것들이
황금 종과 같이 울린다는 생각을 했다
세상의 그 어느 울림도
그렇게 멋지고 사랑스럽지 않았지

# 8
## 삼색제비꽃

– 아스만스하우젠(Assmannshausen)

빙엔에서 슈테판 게오르그(Stefan Georg) 박물관을 둘러보고 강을 건너기 위해 배에 올랐다. 갑판은 차와 사람 그리고 자전거로 빈틈없이 들어찼다. 단순히 강을 가로지르는 짧은 구간이었지만 사람들은 배의 가장자리에 몰려 강물을 쳐다보느라 여념이 없다. 예전부터 헤센주로부터 시작되는 라인강 중류에서 시작되는 선상 여행은 여기 빙엔에서 출발했다.

1816년은 독일이 나폴레옹을 물리친 후 맞이한 첫 번째 평화로운 해였다. 그해 철학자 쇼펜하우어의 어머니 요한나(Johnna Schopenhauer)는 라인강 여행을 떠났다. 그리고 「라인강과 인근지역으로의 소풍」이라는 여행기를 남겼다. 거기에는 그녀가 빙엔에서 배를 타고 라인강 여행에

오르기 직전의 설레임이 잘 그려져 있다.

"아직 아침 6시도 안 되었는데 일행들이 배를 타는 곳에 모였다. 뛰어다니고 서로 소리치고, 마치 미국까지라도 가려는 듯 사람들과 짐이 배에 타기도 전에 난장판이 되었다. 이 모든 것이 이전에 큰 항구도시에 살던 때를 생각나게 해서 적잖이 즐거웠다. 배도 마음에 들었다. 참나무로 만든 배였는데, 돛과 키, 선실, 커피를 끓이는 작은 주방, 도버와 칼레를 오가는 영국의 정기 여객선을 줄여놓은 것 같았다."

호텔 크로네

라인슈타인 성

뤼데스하임에서 내린 자전거는 라인강 자전거 길을 따라 순조롭게 하류로 굴러간다. 에렌펠스(Ehrenfels)城을 지나 아스만스하우젠(Assmannshausen)의 크로네(Krone) 호텔 옆 카페에 앉았다. 강 너머 라인슈타인(Rheinstein)城은 아직도 서늘한 그늘 속에 잠들어 있고, 비단결처럼 부드러운 강물 위로 아침 햇살이 반짝인다. 테이블 위에 가지런히 놓인 삼색제비꽃과 페튜니아가 바람에 흩날린다.

　금발의 노파가 휠체어를 힘겹게 밀면서 다가온다. 혼자 거동하기도 힘들어 보이는데 다른 휠체어에 앉아 있는 또 다른 노인을 부축하며 연신 뭔가를 얘기한다. 반대편에서는 초록색과 노란색 체크무늬로 젊음을 살린 노인 두 명이 들어온다. 네 명의 노인이 한자리에 모였다. 나이가 지긋한 것이 동년배로 보이는 웨이터가 이들 옆에 서서 한참을 얘기한다. 아마도, 호텔은 450년의 역사를 자랑하고 있고, 입구에는 프라이리그라트(Ferdinand Freiligrath)의 시집인 '신앙고백'의 원판 표지가 걸려있으며, 벽난로에 예쁜 꽃들로 장식된 호텔 카페에서 폰타네(Theodor Fontane), 그릴팔쩌(Franz Grillparzer), 켈러(Gottfried Keller)와 같은 유수의 낭만주의 시인들이 교유했노라고 호텔의 내력을 설명하고 있음이 분명했다.

　그 사이 여섯 척의 화물선과 두 척의 여객선이 지나갔고, 그늘 속에 갇혀 있던 강너머 城이 빛의 세계로 입장했다. 오래된 캠핑카에서 일군의 노인들이 우르르 내린다. 분홍색 숄, 은목걸이에 청바지, 꽉 쪼이는 가죽 바지, 이들이 내 쪽으로 얼굴을 돌리지만 않았더라면 모두 30대 청춘으로 여길 뻔했다.

다시 자전거에 올랐다. 아스만스하우젠의 경계를 얼마 지나지 않아 자전거 전용도로가 없어지나 싶더니 다시 나타났다. 중류 라인강 구간의 자전거 길로는 특이하게도 제법 높낮이가 있는 언덕길이었다. 심하지 않은 노동이었지만 대가는 풍성하고 달콤했다. 강 좌안의 자전거 길에서는 볼 수 없는 멋진 광경이 언덕 아래로 펼쳐져 있다. 자전거를 길 위에 누이고 목을 축인 후 뭉게구름이 간간이 떠가는 푸른 하늘과 포도밭, 강과 산, 고성이 만들어낸 아름다운 수채화를 감상했다.

두 개의 강, 라인과 도나우

아버지 라인, 어머니 도나우! 유럽 지도를 자세히 보면 발원지가 비슷한 두 개의 큰 강이 'ㄴ' 자 형태로 흐르고 있다. 하나는 남에서 북으로 또 하나는 서에서 동으로 흐른다. 남북으로 흐르는 강은 라인강이고, 서에서 시작되어 동으로 흐르는 강은 도나우강이다. 서유럽과 중동부 유럽의 대표적인 두 개의 강이다. 두 강은 고대부터 경제적, 정치적뿐만 아니라 문화사적으로도 전체로서의 유럽 문명과 이들 강 유역에 펼쳐져 있는 나라들에 많은 영향을 미쳤다.

아스만스하우젠에서 로르흐(Lorch) 가는 길

　두 강은 로마시대에는 자연 국경을 이루어 문명과 비문명을 가르는 경계선이었다. 라인–도나우선 저쪽은 문명이 미치지 않는 야만의 땅으로 간주되었다. 로마인들은 서기 9년 라인강 너머 토이토부르크 숲에서 게르만족으로부터 대량 도륙을 당한 후 다시는 강을 건너지 않았다. 이들은 라인강의 안더나흐(Andernach)에서 시작해 도나우강 레겐스부르크(Regensburg) 인근 아이닝(Eining)까지 약 550km에 걸쳐 리메스(Limes)라는 방벽을 건설했다. 물론, 한꺼번에 만들어진 것은 아니고 시차를 두고 만들었다.

로마시대 리메스

리메스는 초기에는 엉성한 울타리 정도로 만들어졌으나 차츰 발전해
서 견고한 나무 말뚝 형태가 되었고 방책의 중간중간에 망루가 세워졌
다. 라인과 도나우강의 망루는 모두 900여 개나 되었다

중세시대 도나우강은 예루살렘 성지탈환을 목적으로 이동하는 십자군
의 중요한 통로가 되었고, 라인강은 북해의 물자를 내륙으로 운반하거나
독일 남부 슈발츠발트(Schwarzwald)의 목재를 하류지역이나 네덜란드
등지로 나르는 교통의 수단으로도 기능했다.

두 강은 지형으로서 뿐만 아니라 보이지 않는 상징으로서 사람들의 마음속 깊이 자리 잡고 있는데, 여러모로 서로 상반된 특징을 가지고 있다. 우선, 라인과 도나우의 독일어를 보면 der Rhein/die Donau, 라인강은 남성, 도나우는 여성으로 표현된다. 대부분의 구간을 독일 땅을 통과하고 독일과 프랑스 간 자연 국경의 일부를 이루는 라인강은 독일인, 독일적인 것의 상징이었다. 낭만주의 시인들은 라인강가에 모여 독일 민족을 노래했고, 니벨룽겐의 반지에 등장하는 황금은 라인강에 묻혀 있었다. 19세기 독일 통일 기념비를 세운 곳은 라인강 언덕이었다. 라인은 독일의 영혼, 독일적 미덕, 게르만의 순수성을 나타내는 독일의 대표적인 강이었고 때로는 독일 그 자체로 형상화되었다.

반면, 독일에서 발원하지만 오스트리아, 헝가리, 루마니아 등 중부 유럽과 동유럽의 많은 나라를 거쳐가는 도나우강은 융합과 포용, 코스모폴리탄적 특성을 대변한다. 도나우강의 중심 도시 오스트리아 비엔나에는 과거도 그랬지만 지금도 체코, 헝가리, 루마니아인 등 다양한 인종이 비교적 다툼 없이 공생하고 있고, 세계 각국의 사람들이 함께 모여 일하는 UN기구도 많이 들어서 있어 관용과 화합의 강 도나우를 잘 구현하고 있다. 하지만, 도나우는 때로는 독일 민족주의자들로부터 게르만적 순수성이 결여된 잡종의 강으로 비하되기도 했다.

19세기 말 독일 통일을 둘러싸고 2가지 흐름이 있었다. 오스트리아를 포함시켜 통일을 추진하자는 대독일주의와 오스트리아를 배제하고 프로이센 중심으로 통일을 달성하자는 소독일주의가 대립했다. 프로이센과 오스트리아는 결국 전쟁을 치렀고 프로이센이 승리함으로써 소독일주의가 이겼다. 라인강이 도나우강을 이겼다고 했다. 순수한 게르만 영혼이 잡종의 도나우를 제압했노라고 독일 민족주의자들은 기뻐했다.

18세기에 태어난 초기 낭만주의 작가 슐레겔(Friedrich Schlegel)은 라인강을 독일 역사의 초상이라고 정의하면서 이렇게 쓰고 있다.

"이 왕과 같은 강을 쳐다보면 모든 독일인들의 가슴은 애수로 가득 찬다. 바위틈을 돌아 거대한 힘으로 낙하하고, 하류에선 폭넓은 물결로 장엄하게 흘러간다. 강은 우리의 역사 그리고 조국의 정직한 형상이다."

라인과 도나우가 언제나 대립했던가? 라인은 언제나 우월한 강, 승리의 강이었고, 도나우는 열등한 강, 패배의 강, 독일의 혼이 깃들지 않은 강인가? 라인과 도나우를 반목과 갈등의 강으로 도식화하는 것이 온당한가?

나폴레옹은 예나(Jena)전투에서 프로이센을 굴욕적으로 패퇴시키고

1806년 10월 베를린의 브란덴부르크문을 접수한다. 2년 뒤 1808년 독일의 주요 제후들은 나폴레옹의 명을 받아 에어푸르트(Erfurt)에 소집된다.

독일인들의 좌절감과 모욕감은 그야말로 극에 달했다. 독일인들은 독일 민족에 대해, 독일적인 것에 대해 깊이 생각하게 되었다. 이 무렵 바이에른의 왕자 루드비히(Ludwig)는 영원히 기억될 독일의 중요한 역사적 인물의 흉상을 만들어 한곳에 모아둠으로써 독일인의 민족의식을 고취하고자 했다.

발할라(Walhalla)라는 신전을 건축하기로 했다. 그는 당시 유명한 조각가들로 하여금 프리드리히 대제, 칸트, 괴테, 쉴러 등 독일을 대표하는 인물들의 흉상을 만들라고 지시한다. 흉상은 나중에 130명까지 늘어났다. 그런데, 발할라 신전은 라인강이 아닌 레겐스부르크의 도나우 강변에 세워졌다.

아리안족의 우수성을 외친 히틀러의 경우는 어떠한가? 그는 천년제국의 수도로서 독일 정신을 구현하는 세계에서 가장 아름다운 거대한 도시를 구상했다. 계획단계에서 무산되기는 했지만, 그의 도시는 라인강이 아닌 도나우강의 도시 린츠(Linz)에 세워질 작정이었다. 그가 태어난 곳이 오스트리아 린츠 근방의 작은 마을이었고 린츠의 입지가 도시 계획과 잘 부합해서 그러했을 것이라고 추측할 수 있지만, 히틀러의 도시는 응당 독일의 영혼과 게르만의 순수성을 대변하는 라인강에 세워지는 것이 적절하지 않았을까?

라인강과 도나우강은 여러모로 대비되는 면이 많았으나, 이 두 강을 운하를 통해 하나로 연결시키려는 노력도 오래전부터 있어 왔다. 프랑크왕국의 칼 대제는 뉘른베르크 서남쪽의 마인강(라인강의 지류)에서 시작해 도나우강으로 연결되는 약 171km 구간의 운하를 건설할 것을 지시했다. 서기 793년 건설 작업이 개시되었으나, 마지막 3km를 남겨놓고 집중호우로 무산되고 말았다.

운하가 결실을 보게 된 것은 천년의 세월이 흐른 뒤였다. 바이에른의 루드비히 1세 왕에 의해 1846년 라인-마인-도나우 운하가 완성되어 북해로부터 흑해까지 선박 항행이 가능해졌다. 하지만, 운하는 1차대전으로 심하게 훼손되어 제대로 기능을 발휘하지 못하고 있다가 1960년도에 다시 복구사업이 시작되어 1992년 완전히 제 기능을 찾았다. 냉전의 종식과 함께 운하가 개통됨으로써 라인과 도나우는 동서교류의 촉진제가 되었다. 도나우강의 하류 지역에 위치한 불가리아와 루마니아가 2007년 유럽연합에 가입함으로써 라인과 도나우는 반목과 대립보다는 통합과 화합의 강이 되었다.

# 9
# 검은 목조 가옥

– 바하라흐(Bacharach)

성벽은 동전, 광장, 기중기, 모자, 태양, 사랑, 연필깎이 등 서로 그다지 연관성이 없는 이름을 가진 망루(望樓)로 연결되어 있다. 검은 지붕의 중세 목조 가옥, 각진 담장이 슬프게 고개를 숙이고, 오래된 골목길은 나른하게 기지개를 켠다. 철길과 강 사이에 둘러싸인 작은 마을은 길마다 집집마다 꽃으로 가득하다. 베르너카펠레(Wernerkapelle)가 광채를 발하며 라인의 계곡을 흐뭇하게 바라보고, 그 위에 슈탈렉(Stahleck) 성(城)이 장엄하게 자태를 뽐내고 있다. 난폭했던 시간의 흐름이 잠시 멈춘다. 참기름을 발라놓은 것 같이 번지르르한 벽돌 길 위를 걷는다. 부드러운 강바람이 오래된 도시의 골목길을 여기저기 휘젓고 다닌다.

바하라흐 마을 모습

한때 성전기사단이 있었던 포스트호프(Posthof)를 지나 도시의 중심, 알테스 하우스(Altes Haus) 앞에 서 있다. 지금은 호텔과 식당으로 변한 이 건물은 중부 라인강 지역에서 가장 오래된 목조 가옥 가운데 하나이다. 여기서 슈톨츠(Robert Stolz)의 오페라 〈작은 제비꽃이 필 때면〉이 공연되기도 했다.

위고(Victor Hugo)는 1839년과 1840년 두 번에 걸쳐 라인강을 여행했다. 두 번째 여행은 약 두 달간 애인 두루에(Juliette Drouet)와 함께 여기 바하라흐에 머물렀고 작지만 예쁜 마을에 감탄했다.

"나는 지금 이 순간 세상에는 잘 알려져 있지 않은 작은 도시, 정말 아름답고 쾌적한 도시에 있다. 창문에는 새들이 조잘대는 새장이 걸려 있고, 천정에는 희한하게 생긴 전등, 햇살이 슬그머니 위로 사라지는 모퉁이 방, 거기로 연결되는 나선형 계단이 있는 작은 방에 머물고 있는데 마치 렘브란트의 방과 같다. 그늘에는 노파가 물레를 웅웅거리며 돌리고 있다. 라인강의 멋진 마을 바하라흐에서 3일을 보냈다."

라인강 왼편에 위치한 바하라흐는 독일어 지명으로는 조금 낯설다. 로마시대 이 지역 주둔군이 주신(酒神) 바카스를 기리기 위해 만든 제단에서 유래했다고 한다. 도시는 지금도 그렇지만 당시에도 포도밭이 많았고 라인 지역에서 생산되는 포도주의 환적지로 이름을 떨치고 있다.

도시의 경계를 이루는 성벽을 통과하여 강쪽으로 나간다. 제법 넓은 잔디 정원 위에 조각상이 흥미롭다. 사슴 혹은 황소 모양을 한 하이네(Heine), 수탉 형상의 위고, 새의 모습을 한 브렌타노(Brentano), 이 세 사람이 한 자리에 모여 와인을 마시고 탁자 위에는 와인 병 하나와 두 개의 잔이 놓여있다. 19세기 초반의 시기를 공유했던 이들 세 명은 모두 바하라흐와 관련이 있다. 하이네는 「바하라흐의 랍비」라는 단편을 썼고, 위고는 이곳에 3일을 머물렀으며, 브렌타노는 「바하라흐에는 아름답고 귀여운 여자 마법사가 살고 있다」라는 동화를 썼다. 바로 이 동화에서 로렐라이가 탄생했다. 그래서 바하라흐의 사람들은 로렐라이의 원조가 자신들이라고 주장하고 있다.

이 깜찍하고 기발한 아이디어의 조각상이 만들어진 것은 그리 오래지 않다. 세간에 별로 알려지지 않은 메텐(Liesel Metten)이라는 조각가가 2014년 6월에 세운 것이다. 그녀는 1938년에 출생했고, 원래 집은 마인츠 근처지만 이곳에도 조그만 아틀리에를 두고 가끔씩 방문하고 있다. 그녀는 코블렌츠, 마인츠, 빙엔 등 라인강을 따라 우화와 설화를 소재로 이와 유사한 청동상을 많이 세워 놓았다.

위고를 수탉으로 표현한 것은 수탉이 본래 남자의 정욕을 상징하는 동물로 인식되어 왔고, 위고가 평소 많은 여자들과 염문을 뿌리고 다녔다는 데에서 착상한 것으로 보인다. 브렌타노는 초기에 낭만주의에 심취해 있었으나 만년에는 종교에 귀의하여 세상과는 거리를 두고 살았다. 새는 브렌타노의 이러한 만년의 초월적 세계관을 상징하는 것으로 보인다. 하이네를 사슴 또는 황소 형상으로 표현한 이유는 문득 떠오르지 않는다.

라인강 중류에는 그림같이 예쁜 작은 마을들이 무척 많다. 어디든 하루 종일 앉아 있어도 싫증날 것 같지 않지만, 누군가 내게 라인 강변의 마을 가운데 갈 만한 곳 한 군데만을 추천해달라고 하면 주저 없이 여기 바하라흐를 권하고 싶다.

### 뗏목, 증기선 그리고 화물선

강변에 앉아 쉼 없이 오가는 배를 바라본다. 대부분이 화물선이고 유람선은 많지가 않다. 라인강은 관광적·문화적·역사적으로도 의미가 있지만 경제적 측면에서의 활용도도 크다. 이는 위고가 라인강을 여행할 때도 마찬가지였다. 위고는 라인강 유람을 하면서 강의 풍경을 이렇게 묘사했다.

"강이 갑자기 굽어지는가 싶더니 커다란 뗏목이 나타났다. 일꾼 수백명이 노를 젓고 있고, 황소가 땀을 뻘뻘 흘리며 지렛대를 돌리고 있다. 또 다른 황소는 기둥 주위를 돌았다. 음식을 준비하느라 인부들이 커다란 솥을 걸고 장작불에 부채질을 했다. 배 위의 오두막에서 연기가 피어올랐다. 마을 전체가 물 위를 둥둥 떠다니고 있다."

위고가 보았던 이러한 광경은 17세기 중반부터 19세기 말까지 라인강 중류에서부터 하류 네덜란드까지 강의 일상적인 모습이었다.

유럽 전역을 황폐화시켰던 30년 전쟁이 끝나자 북해의 젊은 국가 네덜란드가 세계무역의 강자로 부상했다. 네덜란드는 노련한 상인과 경험 많

라인강의 화물선

은 선원, 숙련된 선박 건조 기술자들은 많았으나 목재가 부족했다. 배를 만드는 데 필요한 참나무와 건물을 짓기 위한 전나무가 턱없이 부족했다. 수요 증가로 목재 가격이 급격하게 올랐다. 18m 길이의 참나무 한 그루가 1740년에는 1굴덴이었으나, 1755년에는 16굴덴까지 뛰었다.

네덜란드에서 부족한 나무가 독일 남부의 슈발츠발트에는 풍부했다. 대량의 목재 운반에 라인강이 적격이었다. 뗏목을 만들어 네덜란드까지 운반했다. 크고 작은 것이 있었지만 큰 것은 길이 300m, 너비 60m나 되었다. 뗏목에는 500여 명의 인부가 필요할 정도였다. 뗏목의 크기가 어

느 정도인지는, 예컨대, 라인강을 오가며 일반 화물트럭 300대가 운반할 수 있는 5,250t의 화물을 한 번에 실어 나를 수 있는 현역 대형 컨테이너선 NOVA의 길이가 134m, 폭이 17m인 것을 보면 짐작할 수 있다. 라인강을 오가는 뗏목 배는 1900년경까지만 해도 삼백 척에 가까웠고, 1967년이 되어서야 뗏목 배가 완전히 자취를 감추었다.

상류에서 하류로 흐르던 뗏목 배나 말의 도움을 받아 하류에서 상류로 가까스로 거슬러 올라가는 선박에서 벗어나 물의 방향에 주눅 들지 않고 의연하게 강물의 흐름을 즐기는 증기선이 라인강에 등장한 것은 19세기 초의 일이었다. 이 시기는 영국인들의 라인강 유람 붐이 일기 시작하던 시기와 거의 일치한다. 라인강을 항해한 첫 번째 증기선은 영국의 'The Defiance'라는 이름의 배다. 이 배는 원래 1815년 런던과 Margate 사이를 오가는 우편선이었는데, 이듬해 네덜란드가 이 배를 인수했고, 로테르담을 거쳐 1816년 6월 12일 쾰른에 정박했다. 원래 프랑크푸르트까지 갈 계획을 세웠으나 강한 바람과 악천후로 인해 회항할 수밖에 없었다.

증기선이 라인강을 다니면서 여행이 편해지고, 시간도 단축되자 1822년 로테르담에서 증기선회사가 처음으로 설립되었다. 최초의 정기 여객선과 화물선이 1823년 로테르담과 앤트워프를 오갔다. 1853년에는 지금까지도 라인강 유람선의 거의 대부분을 소유하고 있는 '쾰른-뒤셀도르퍼(KD)'社가 설립되었다.

콘코르디아(Concordia)는 라인강을 운항한 첫 번째 독일 증기선이었다. 70마력으로 길이 45m, 넓이 5m에 승객 230명, 화물 60t을 실었다.

19세기 말 20세기 초반까지만 해도 라인강 여행객의 상당수는 증기선을 이용했다. '쾰른-뒤셀도르퍼(KD)'社는 1890년까지 연간 100만 명의 승객을 실어 날랐고, 1차 세계대전 직전 1913년도의 증기선 승객은 두 배가 늘어 200만 명이나 되었다. 세계 경제공황이 닥치기 전인 1928년에는 승객이 기록적으로 늘어 260만 명을 기록하기도 했다. 증기선 이용객 숫자가 줄어들고 증기선 사업이 퇴조한 것은 라인강을 따라 도로가 건설되면서부터다.

강변 의자에 앉아 꼬리에 꼬리를 물고 지나다니는 화물선을 보고 있으면 여러 가지 궁금한 생각이 든다. 저 큰 화물선은 강폭이 그리 넓지 않은 곳에서 어떻게 서로 부딪히지 않고 지나다닐까? 화물선의 평균 시속은 13.5km로 자전거 평균 17km보다 느린데, 화물선의 선장은 그 지루한 시간을 무엇을 하면서 보낼까? 화물선의 내부 구조는 어떻게 되어 있을까?

수년 전 본(Bonn)에서 근무하고 있을 때 지역신문(General-Anzeiger)이 라인강을 오가는 화물선 특집기사를 실은 적이 있었는데, 나의 호기심을 어느 정도 충족시켜주었다. 기사를 요약해보면 이렇다.

독일에서 한 척 이상의 화물선을 소유하고 영업하는 사람은 약 1,000명으로 추산되고 있다. 2세들이 가업을 이어가는 비율이 점점 줄어들어 선주와 선장의 평균연령이 계속 높아가고 있다. 라인강의 폭이 가장 넓은 지역은 마인츠로 약 580m이고, 로렐라이 절벽 앞이 가장 좁아 120m이다. 라인강의 평균 수심은 2m에서 5m이고, 수심이 가장 깊은 곳은 역시 로렐라이 근처로 약 25m다. 배가 다니려면 적어도 수심이 1.9m는 되어야 하고 고도로 숙련된 기술을 필요로 한다. 그래서 라인강에서 화물선 선장이 되기 위해서는 같은 구간을 3년 동안 다녀야 선장 응시 자격이 주어질 정도로 화물선 선장의 자격요건은 무척 까다롭다.

화물선이 서로 부딪치지 않고 안전하게 교행하는 데는 일정한 규칙이 있다. 구간마다 약간의 차이가 있지만 일반적으로 강을 거슬러 올라가는 선박에게 방향 선정의 우선권을 준다. 화물선마다 푸른색 바탕의 조향등이 부착되어 있는데, 상류로 향하는 배가 등을 깜빡거려서 방향을 먼저 결정하고, 하류로 내려가는 배는 그 신호를 보고 상류로 올라오는 배가 택하지 않은 방향으로 운항해서 서로 충돌을 방지한다.

신문에는 화물선 바이에리셔발트(MS Bayerischer Wald) 선장 부텐호프 (Butenhof) 씨의 일상이 소개되기도 했다. 부텐호프 씨는 1967년부터 내륙수로를 오가며 자영업을 하는 선장이자 34척의 배를 소유한 선주이기도 하다. 아버지도 선장이었고 그의 부인도 가끔씩 그와 같이 배를 탄다. 1년에 20일 정도만을 육지에 있고 나머지 대부분의 시간을 물 위에서 보낸다. 바이에리셔발트는 길이 100m, 폭 10m로 2,000t의 화물을 한 번에 나를 수 있을 정도로 거대하지만, 선원은 그를 포함해서 3명뿐이다.

이 배에는 세 군데의 독립공간이 있다. 하나는 그와 그의 부인이 사용하는 공간으로 침실과 거실, 주방, 욕실로 이루어져 있다. 나머지 두 개의 공간은 직원 또는 손님용이다. 일반인도 하루 35유로를 내면 방을 빌려준다. 뭔가 낭만적이고 색다른 여행을 즐기려는 사람들이 화물선을 예약하는데 요즘 그 숫자가 많이 늘어 오래전에 사전 예약을 해야만 한다.

미리 예약을 해도 출발 이틀 또는 사흘 전이 되어야 정확한 행선지를 알 수 있다. 자신이 원하는 곳이 아니라 화물선의 행선지에 맞추어 여행 계획을 세워야 한다.

부텐호프 씨는 자신의 배를 이용한 여행객 가운데 기억에 남는 한 쌍을 소개했다. 원래 부부가 같이 여행하려고 예약을 한 것으로 알고 있었는데 막상 출발할 때가 되고 보니 남자는 부인이 아닌 다른 여인을 데리고 나타났다. 순박해 보이는 남자는 부텐호프 선장에게 난처하다는 표정을 지으며 부인이 아닌 사람과 같이 화물선에 타도 되는지 물어보았다. 선장은 웃으며 "우리가 중세시대에 살고 있는 것도 아니고…당연히 되지요."라고 답했다.

# 10
# 탑의 도시

   – 오버베젤(Oberwesel)

  '탑의 도시'라는 별칭에 걸맞게 오버베젤(Oberwesel)은 망루와 탑이 많
이 보이고, 도시를 둘러싼 성벽도 뚜렷하다. 시내는 중세시대 복장의 사
람으로 넘쳐났다. 중세의 생활과 풍습을 재연하고 그걸로 장사하는 도시
축제가 한창이다. 칼을 든 기사, 검은 모자를 쓴 상인, 긴 치마에 레이스
를 걸친 여성, 농기구를 만드는 대장간, 소시지를 굽는 오래된 부엌, 철
물상, 오늘 하루 이 마을은 500년의 시간을 되돌려 중세의 한가운데에
있다.

  황소탑(Ochsenturm)으로부터 멀지 않은 곳에 있는 '황금병따개(Zum
goldenen Pfropfenzieher)' 건물이 보였다. 이곳은 지금은 호텔로 사용되

'황금병따개' 호텔과 식당

고 있지만 19세기 중반에는 후기 낭만주의자들이 자주 모이는 곳이었다.

　호텔 뒷편 카페로 들어서니 자신을 호텔 주인의 아들이라고 소개하는 웨이터가 반갑게 맞아준다. 더운 열기를 식히기에는 집에서 직접 제조한 맥주 한잔을 들이키는 것이 제일이라고 권하면서 걸쭉한 밀맥주 잔을 들이밀었다. 담장 밖으로 작은 개울물이 흐르는 마로니에 나무 그늘 아래 앉았다. 붉은 방석으로 치장한 의자가 깔끔하게 정리되어 있는 것을 보니 지나간 손님은 많지 않았나 보다.

이곳은 중세의 아름다운 소로(小路)와 성벽(城壁)을 찾아다니며 이를 화폭에 옮기던 뒤셀도르프 풍경화파의 본거지였고, 라인 지역 시인들이 자주 모였던 곳이다. 특히 1843년 여름에 많은 시인들이 이곳을 찾았던 것은 비단 멋진 풍광과 좋은 와인 때문만은 아니었다. 프로이센 비밀경찰의 눈길이 미치지 않았던 비교적 안전한 지역으로 인식했던 탓이 컸다.

'혁명의 해'로 불려지는 1848년을 앞두고 자유를 갈망하며 40여 개로 나눠진 나라를 하나의 단일한 민족국가로 만들려는 부르짖음이 독일 전역에 울려 퍼지고 있을 무렵이었다. 당시 독일의 여러 나라 가운데서도 가장 강력한 국가는 프로이센이었다. 독일 동북부에 본거지를 둔 프로이센은 독일 서남부의 라인강 유역까지 세력을 뻗쳤다. 프로이센은 자유주의와 민족주의를 외치는 시민들을 탄압했다. 이 시기 많은 문인들이 수배자 명단에 올랐다.

오버베젤 지역의 행정책임자인 호이베르거(Heuberger)는 다른 지역의 관료들과는 달리 시인들의 외침에 공감하고 그들의 정치적 성향을 공유했다. 짐록(Karl Simrock), 가이벨(Emanuel Geibel), 호프만(A.Heinrich Hoffmann) 등 문인들이 이곳 '황금병따개'로 몰려들었다. 이들은 여름 강가의 서늘한 정원에 모여 신과 세계, 진리, 사랑, 자유, 독일 민족의 미래에 대해, 그들의 작품에 대해 밤새 토론하고 노래하고 마셨다.

독일인의 노래

거품 넘치는 밀맥주 한잔을 오른손으로 건네주면서 주인집 아들은 '황금병따개'의 내력이 담겨 있는 소책자를 왼손으로 내밀었다. 그리고 혹시 호프만 폰 팔레스레벤(A.H.Hoffmann von Fallersleben)을 아는지 물었다.

그 사람은 독일 국가를 작사한 사람이 아니냐는 나의 대답에 그는 맞다고 하면서, 그가 바로 여기 황금병따개에서 그해 1843년 여름 사람들을 모아놓고 처음으로 그 노래를 불렀다고 자랑했다.

"그런가요? 여기가 그렇게 의미 있는 장소였군요."

호프만은 시인이자 문학교수였다. 그는 지금은 폭스바겐 공장으로 유명한 볼프스부르크(Wolfsburg) 근처의 작은 마을 팔레스레벤(Fallersleben) 출신이다. 그래서 그의 이름 끝에 언제나 이 지명이 붙어 다닌다. 젊은 교수는 자유와 정의, 조국 통일을 꿈꾸며 1841년 8월 당시 영국령이었던 북해의 작은 섬 헬고란트(Helgoland)에서 〈독일인의 노래(Das Lied der Deutschen)〉를 썼다. 이 노랫말에 하이든의 〈황제〉 사중주곡이 입혀져 나중에 독일 국가가 되었다. 〈독일인의 노래〉는 작사한 지 두 달여 뒤인 10월 초 함부르크에서 대중에게 처음 소개되었다. 프로이센 정부는 자유와 정의를 동경하는 의미가 가사 내용에 포함되어 있다고 트집을 잡아 1842년 4월 호프만을 위험인물로 지목하고 교수직을 박탈했다.

〈독일인의 노래〉는 호프만 생전에는 많은 사람들에게 알려지지 않았다. 1890년 8월 헬고란트가 다시 독일령으로 귀속되는 행사에서 처음으로 많은 대중들이 이 노래를 불렀다. 그리고 한참 후인 1922년 바이마르 공화국의 에버트(Ebert) 대통령에 의해 독일의 국가로 선포되었다. 1절부터 3절로 되어있는 이 노래는 특히 1절 가사 내용이 지나치게 독일 민족주의를 찬양, 고무한다는 비판이 꾸준히 제기되었다. 나치 독일은 노래의 1절만을 불렀다. 2차대전 종전 후 연합군은 한때 독일의 국가 자체를 금지시켰으나, 1952년 서독 정부에서 1절과 2절은 빼고 3절만을 독일의 국가임을 규정하였고 이후 지금까지 독일인들은 호프만의 독일인의 노래 3절만을 독일 국가로 부르고 있다.

〈독일인의 노래〉는 1841년 독일 북부지역인 함부르크에서 처음으로 불려졌고, 1843년도 여름 이곳 라인 강변 황금병따개에서 몇몇의 사람이 부른 것은 독일 전체가 아니라 아마도 독일 '서부' 지역에서 최초였을 것이라는 사실을 주인집 아들에게 알려줄까 고민하다. 라인강의 역사에 관한 전시회가 열리고 있는 오버베젤 문화회관(Kulturhaus)으로 발길을 재촉했다. 전시품은 많지 않았고 내용도 부실했으나 터너(William Turner) 복사본 그림 몇 장이 눈길을 끌었다.

### 영국인, 터너의 수채화
라인강 유역이 관광지로서 국제적으로 각광을 받게 된 것은 19세기 초

영국인 때문이었다. 처음에는 도버해협을 건너 시인, 화가, 귀족들이 주로 방문했으나, 나중에는 학자, 공무원 등 시민계층까지 가세했다. 바이런(Byron)경의 독일 방문도 이 무렵이었다. 당시에는 유럽대륙 여행을 한두 번은 해보아야 영국에서 잘나가는 자들의 무리에 속할 수 있었다. 영국인들은 고성이나 옛날 유적에 관심이 많았는데, 이런 면에서 라인강은 이상적인 여행지였다.

라인강이 영국인들의 관심을 한참 끌 무렵, 독일의 일반인들에게 라인강은 그저 홍수 대비의 대상 정도에 불과했고, 프랑스인들에게는 자연국경선 그 이상도 그 이하도 아니었다. 프랑스 사람들은 라인강의 사람들이 불친절하고 무뚝뚝하다고, 와인 맛은 형편없으며 침대에는 빈대만 들끓는다고 불평했다.

영국의 여류 소설가 트롤롭(F.M.Trollope)은 "농부가 비를 기다리듯, 어부가 청어를 기다리듯, 라인강의 사람들은 해마다 영국 관광객을 기다린다."라고 쓰고 있다. 라인 강변의 일부 여관주인들은 심지어 영국 여왕의 초상화를 걸어놓기도 했다.

영국인들의 라인강 여행을 더욱 부추긴 것은 19세기 초에 다니기 시작한 라인강의 증기선과 터너의 그림이었다. 터너는 1817년 이래 네 번에

팔츠 그라펜슈타인 성

걸쳐 라인강을 여행했고 '라인 스케치북'이라는 화첩을 발간했다. 화첩에
는 라인의 고성과 아름다운 풍경이 세밀하게 묘사되었는데, 영국인들은
터너가 그린 멋진 라인 풍광을 직접 눈으로 확인하고 싶어 했다.

터너는 1817년 8월 런던에서 집을 나섰다. 해협을 건넜고 우편마차를
타고 벨기에와 네덜란드를 지났다. 그는 집을 떠난 지 8일 만에 쾰른에서

처음으로 라인강을 보았다. 여기서부터 나폴레옹 길이라 불리는 라인강 좌안의 길을 따라 걸어서 상류로 올라갔다. 라인강과 모젤강이 만나는 코블렌츠의 목가적 분위기에 크게 감흥을 받았고 보파르트 근처 마르크 스부르크(Marksburg) 성의 장엄한 모습을 그리려고 스케치북 세 장을 소모했다.

잔크트고아(St.Goar)를 지나 오버베젤을 지나 빙엔에 도착했다. 거기서부터 마인츠까지는 배를 탔다. 그곳에서 하루를 보낸 뒤 8월 27일 런던행 귀향길에 올랐다. 그의 스케치북은 그림으로 가득 찼고 나머지 여백에는 여행에서 느낀 감상이 적혔다. 터너의 스케치는 세 권이나 되었다. 그는 겨울 내내 스케치 가운데 일부를 골라 색을 입혔다. 마침내, 후대까지 많은 영향을 미치게 될 수채화 51점이 탄생했다.

터너는 일부 배를 탄 구간을 제외하고는 대부분을 걸어서 여행했다. 그가 구체적으로 어떤 곳을 갔고 무엇을 보았는지를 알고 싶으면 'William Tuner Route'라는 인터넷 사이트를 방문해보면 좋을 것이다.

**11**

# 산 위의 성

– 로렐라이(Loreley)

잔크트 고아르스하우젠(St.Goarshausen)에서 로렐라이까지 가려면 가파른 언덕을 한참을 올라야 한다. 하지만, 몸은 가볍고 마음은 즐겁다. 오늘은 이바이크(e-bike)를 타고 있기 때문이다.

오늘날 독일의 자전거 시장은 이바이크 중심으로 급속히 재편되고 있다. 장거리 자전거 여행족의 대부분은 이바이크를 탄다. 코로나가 잠시 물러났을 무렵 가장 많은 사람들이 달려간 곳은 자전거 상점이었고 이들이 구매한 대부분의 자전거는 이바이크였다. 재고는 순식간에 바닥이 났고 새 자전거를 손에 넣으려면 수개월을 기다려야 했다.

사람의 고유한 근력에 배터리의 동력을 더해 하나의 완전체로 만든 것이 이바이크다. 사람들은 처음에 이바이크 사는 것을 망설인다. 주로 2가지 이유에서 그렇다. 하나는 자전거를 타는 목적 가운데 하나가 육체운동을 하려는 것인데, 밧데리의 힘을 빌릴 경우 운동 효과가 별로 없을 것이라는 것, 또 하나는 가격이 꽤 비싸다는 것이다. 하지만, 연구소 조사에 의하면 이바이크를 탈 경우 힘이 덜 들어가므로 오히려 더 긴 거리를 타게 되어 전체적인 칼로리 소모량이 더 많다고 한다. 가격이 일반 자전거에 비해 비싼 것은 사실이지만 대량 생산으로 조만간 가격 인하가 기대된다.

몇 번을 망설이다 구입한 이바이크는 나에게 멋진 신세계를 선사했다. 새로운 세상이 눈앞에 펼쳐졌다. 젊음과 생기 넘치는 세상, 평등의 세상이 창조되었다.

## 이바이크가 창조한 평등한 세상

이바이크는 높이의 두려움을 없앴다. 산이 두렵지 않고 언덕이 우스워졌다. 아니, 오히려 경사진 길이 기다려졌다. 높낮이가 없는 길은 밋밋하고 재미가 없어졌다. 오르막이 평평한 길로 보였다.

이바이크는 바람을 제압했다. 자전거를 타면 거의 어김없이 머피의 법칙이 작용한다. 바람의 방향은 늘상 바뀌지만, 내가 타는 자전거는 거의 언제나 역풍을 맞는다. 순풍인 경우도 있지만 그 시간은 길지 않다. 오래 가지 않아 다시 역풍으로 바뀐다. 멋진 강의 풍경도 강한 역풍을 맞으면 그다지 아름다워 보이지 않는다. 하지만, 이바이크의 '터보' 기능은 역풍을 순풍으로 만들고 강한 바람에 굴하지 않고 평소의 속도를 유지시켜준다.

이바이크의 세계에서는 강자(強者)와 약자(弱者), 젊은이와 늙은이, 아이와 어른, 여성과 남성이 따로 없다. 평등의 세상을 가져왔다. 이바이크가 아닌 보통 자전거의 세계를 지배하는 자는 대개 힘이 세고 젊고 다리가 긴 남성들이다. 하지만, 이바이크의 세상은 다르다. 아무리 굵고 단단한 장딴지의 소유자라고 하더라도 그가 보통의 자전거를 타고 있다면 두렵지 않다. 윙윙 소리를 내며 보통의 자전거를 추월하는 이바이크는 평등한 세상을 가져왔다.

이바이크에는 언제나 미소가 함께했다. 일반적으로 자전거를 타는 사람들의 얼굴을 잘 뜯어보면 가벼운 산책을 하는 사람들에 비해 대개 표정이 밝지가 않다. 그건 아마도 그냥 걷는 것보다 아무래도 힘이 더 들어 얼굴의 근육이 긴장되기 때문일 것이다. 이바이크는 본인의 체력 정도, 길의 경사도 등에 따라 배터리의 힘을 조절할 수 있는 몇 가지 버튼이 장착되어 있다. 힘이 들면 배터리를 더 많이 소모하는 버튼을 누르면 된다.

얼굴이 굳어질 일이 더 이상 없다.


## 로렐라이 언덕

가파른 언덕이 끝나는 지점에 로렐라이 가는 길 표시가 있고 거기서 조금 아래로 내려가면 목적지에 닿는다. 주차장을 지나자마자 가장 먼저 눈에 들어온 것은 제주 돌하르방이다. 표지판에는 로렐라이의 '무궁한 발전과 공동 번영을 기원'한다는 취지에서 2009년 11월 제주시장이 기증한 것이라고 쓰여 있다.

라인강의 긴 머리 요정을 만나러 가는 길 위에서 마주치는 우리나라의 돌하르방! 반갑다는 생각과 뭔가 조화롭지 못하다는 생각이 교차했다.


로렐라이 언덕으로 들어서는 진입로는 몇 년 전에 완전히 새롭게 단장했다. 좁은 길은 넓게 펴졌고 현대식 조형물이 여기저기 서 있다. 중세의 전설을 찾아가는 길이 아니라 현대 건축 박람회 입구같이 산뜻하고 미끈하게 직선적으로 꾸며져 있다. '옛날부터 전해 오는…' 쓸쓸한 정취를 어디에서도 느낄 수 없다. 이 언덕 어딘가에 조만간 대규모 호텔이 들어설 것이라는 뉴스에 마음은 더욱 착잡하다. 절벽 끝자락에 다가서 급하게 휘어지는 라인강의 물살을 휙 둘러보고 다시 자전거에 올랐다.

지금 여기 로렐라이 구릉은 들판은 들판대로 숲은 숲대로 단정하게

로렐라이 언덕

구획이 정리되어 있지만, 요정이 노래하고 뱃사람이 그 가락에 취했던 그 옛날에는 길을 잃어버리면 빠져나갈 수 없을 정도로 나무가 무성한 숲으로 덮여 있었던 모양이다. 독일 낭만주의의 아이콘 아이헨도르프 (Eichendorf)의 「숲속의 대화(Waldgespräch)」라는 시(詩)에 등장하는 나그네는 로렐라이의 깊은 숲속에서 길을 잃을 정도였다

### 숲속의 대화

이미 늦었어, 벌써 추워지고 있지
넌 어째서 외롭게 숲을 헤매고 있는 거지?
숲은 길고, 너는 혼자야
아름다운 신부여! 내가 너를 집으로 데려다 줄께

남자들의 허풍과 꾀는 대단하지
고통으로 내 마음은 다 부서져버렸어
숲속의 뿔피리는 여기저기 길을 헷갈리게 해
이런, 도망가! 너는 내가 누구인지 몰라

멋지게 꾸민 말과 여인
아름다운 젊은 육체

이제 알 것 같다 – 이런 젠장!

너는 마녀 로렐라이

너는 나를 잘 아는구나– 높은 바위에서

나의 성은 조용하게 라인강을 깊숙히 내려보고 있지

이미 늦었어, 벌써 추워지고 있다구,

넌 다시는 이 숲에서 나가지 못할 거야


자전거는 언덕을 내리달리다 산허리의 중간 지점에서 방향을 완전히 바꾸어 로렐라이와는 반대 방향으로 오르막길을 다시 오른다. 그리 멀지 않은 곳에 파테스베르크(Patersberg)의 입간판이 보이고 '세 개의 성을 보는 곳(Dreiburgenblick)'에 이르렀다. 발아래로 라인강이 흐르고 그 옆으로 카츠(Katz)성이 엄숙하게 우뚝 서 있다. 로렐라이 언덕은 성의 뒤편으로 까마득하게 점으로 남았다. 굽이치는 라인강을 내려보며 오래된 성(城)을 느긋하게 바라보는 것은 언제나 즐겁고 하루 종일 앉아 있어도 싫증이 나지 않는다.


## 성의 탄생과 몰락

성은 강과 산과 들 그리고 사람들을 오랫동안 지배했다. 성주는 농민들로부터 공물을 징수했고, 대신 그들의 안전을 보장해주었다. 강에 경

파테스베르크에서 바라본 카츠성

계선을 그어 이를 넘을 때마다 세금을 매겼다. 전쟁이 나면 사람들은 성
으로 몰려들었고, 성은 적의 침략을 저지하는 마지막 보루였다. 성은 보
이는 권력이었고, 힘의 상징이었고, 목숨을 유지하기 위한 피난처였다.

   독일에서 성의 축조가 왕성해지기 시작한 시점은 11세기 후반부터이
다. 당시 독일은 신성로마제국 시절이었고, 중세시대의 시스템이 온전히
갖추어질 때였다. 중세시대에 만들어진 성의 숫자는 전체적으로 대개 2
만 개 정도이고, 그 가운데 6,500여 개가 지금까지 남아 있다. 이중 일부
는 성이라고 이름을 붙일 수 없을 정도로 부서진 상태로 남아 있고, 일부

는 성의 윤곽은 알아볼 수 있으나 외벽만 한 줄 앙상하게 유지되고 있는 경우도 있다. 또 일부는 원래 모양은 짐작조차 할 수 없을 정도로 완전히 다른 성으로 새롭게 탄생했다.

중세의 성은 조건이 허락하는 한 가능한 접근이 어려운 산 정상 또는 중턱, 아니면 바위 위에 세워지는 경우가 많았다. 최소의 인원으로 최대의 방어 효과를 내기 위함이었다. 성이 세워진 위치나 규모는 각각 달랐으나, 성의 기본적인 구조는 유사했다. 둘레에 해자를 파서 물을 채워 적의 접근을 일차적으로 막고, 해자 위로 도개교(들었다 내렸다 할 수 있는 다리)를 설치해 평상시에는 사람들의 출입을 허용하고, 적이 침입해오면 다리를 들어 올려 성문을 닫고 방어했다. 벽은 대개 외벽과 내벽의 이중구조로 되어 있다. 외벽은 초기에는 성첩(城堞), 후기가 되면 총안(銃眼)을 만들어 외부로부터의 방어를 용이하게 만들었다.

문루(門樓)는 벽에서 가장 취약한 부분이다. 탑 사이에 석재 아치를 세워 통로를 만들고 격자 모양의 대형 목재 내리닫이 창살문이 설치되었다. 성의 중심에는 대개의 경우 거대한 탑이 세워져 있다. 높이가 20m에서 30m가량 되었다. 탑이 높고 웅장할수록 성주의 힘이 그만큼 세다는 것을 외부에 보여준다고 생각했다. 탑의 아래 부분은 주로 감옥으로 사용되었다. 성 내부에는 사람들의 거주 공간 이외에도 우물이 있었고, 예배장소가 빠지지 않았고, 가축을 위한 마구간도 구비되어 있었다.

성은 우리에게 흔히 개구리가 왕자로 변하고 거지가 왕으로 등극하는 곳, 가난한 소녀가 공주가 되는 곳, 환상적인 마법의 세계가 펼쳐지는 멋진 곳으로 각인되어 있지만, 그 안에서 실제의 삶은 전혀 그렇지 않았다. 대개의 성들은 작고, 어둡고, 춥고, 살기 불편했다. 성의 평균 길이는 40m를 넘지 못해 성안의 사람들은 좁은 공간에서 답답한 생활을 감수해야 했다. 사람뿐 아니라 말과 개와 같은 가축도 함께 지내야 했으므로 성안에서 지낸다는 것은 여러모로 불편했고 자유롭지 못했다.

13세기가 되면서 타일로 만든 난로가 사용되기는 하였으나, 주로 성주가 사는 공간에만 있었다. 일반 백성들은 햇빛도 들지 않은 침침한 곳에서 외부의 적보다는 추위와 싸우는 것이 더 큰 도전이었다. 돌로 만든 그릇에 받쳐 기장죽과 귀리죽을 먹었고, 가축 오물이 여기저기 굴러다녔다. 영화에는 성벽을 기어오르는 침입자들에게 기름을 부어 이들을 격퇴하는 장면이 종종 등장하는데, 실제로는 있을 수 없는 일이었다. 당시 기름을 사려면 많은 돈이 필요했고, 성안에서는 물도 귀해서 뜨거운 기름을 붓는다는 것은 상상할 수 없었다.

후텐(Ulrich von Hutten)이라는 중세시대 기사가 있었다. 그는 성에서 사는 것을 무척이나 싫어했던 모양이다. 1518년에 친구에게 이런 편지를 썼다.

'성은 안락한 곳이 아니라네. 내부는 좁고 말 같은 가축 때문에 너무 북적거려. 방은 어둡고 도처에 화약 냄새로 진동해. 개똥! 얼마나 사랑스런 냄새인가!'

근세로 넘어오는 15세기가 되면 총포의 등장으로 방어용 성(Burg)은 효용성이 떨어져 더 이상 건축되지 않았고, 제후와 귀족들의 주거용 성(Schloss)이 만들어졌다. 온전하게 남아 있던 방어용 성들도 그 본래의 기능이 상실되자 해자는 토사로 메워졌고, 도개교는 둑으로 대체되었다. 성탑과 성벽은 무너져 내렸다. 성은 더 이상 보이는 권력이 아니었고, 남루하고 초라한 천덕꾸러기 돌덩이가 되어버렸다.

쓰러져가던 중세의 고성에 다시 스포트라이트가 비친 것은 19세기 낭만주의자들 때문이었다. 낭만주의시대의 시인, 화가, 음악가들은 허물어진 성벽을 보며 과거에 대한 향수와 사랑을 노래했다.

세월이 지나면서 성의 주인들도 바뀌어 갔다. 초창기에는 지역의 제후와 주교들이 주로 성을 차지했고, 17세기 30년 전쟁 기간엔 스웨덴, 폴란드 등 국경을 넘어온 나라들의 깃발이 망루에서 휘날렸다. 나폴레옹 군대 앞에서 높은 성벽이 여지없이 무너져 내렸고, 히틀러의 하켄크로이츠가 담벼락을 장식하기도 했다.

오늘날 성의 주인과 용도는 다양하다. 돈 많은 오페라 가수가 매입하기도 했고, 호텔과 유스호스텔로 사용되기도 한다. 바하라흐 언덕의 슈탈렉(Staheleck)성은 아마도 세계에서 가장 아름다운 유스호스텔일 것이다. 1년 전에 예약을 해야 할 정도로 인기가 높다. 일부 성들은 성의 원래 모습으로 잘 보존시켜 입장료를 받는 곳도 있다.

라인강 언덕의 많은 고성들이 전쟁으로 파괴되었다. 중부 라인강 유역에서 파괴되지 않고 거의 원형 그대로 보존되어 있는 성은 브라우바흐(Braubach)에 있는 마르크스부르그(Marksburg)성이다. 이 성은 일부분이 떨어져 나가고 나중에 증축된 부분도 있으나 13세기에 처음 지어졌을 당시의 원형을 거의 그대로 보존하고 있어 지금도 아이들 장난감 모델로 유명세를 떨치고 있다. 독일 '성곽협회'가 위치한 곳이기도 하다. 일본인들을 이 성을 특히 좋아해서 성 전체를 사서 해체한 후 이를 배에 싣고 일본으로 가져가려는 시도를 한 적이 있었다. 하지만, 뜻대로 되지 않자 미야코지마섬에 이미테이션을 만드는 데 만족해야 했다.

# 12
# 트럼펫이 울리는 곳

## – 잔크트 고아르스하우젠(St. Goarshausen)

잔크트[1] 고아르스하우젠(St. Goarshausen)에서 하룻밤을 자기로 했다. 강을 사이에 두고 잔크트 고아(St. Goar)를 마주보고 있는 작은 마을이다. 그렇지 않아도 조그마한 곳인데 축제를 한다고 놀이기구가 마을의 남는 공간을 다 차지해버렸다. 축제장 중간에는 커다란 천막이 늘어져 있고 댄스파티의 열기가 뜨겁다. 조용한 라인계곡이 투박하고 단조로운 독일 전통 리듬으로 시끄럽다. 호텔 주인이 고맙게도 테라스가 있고 강 뷰가 좋은 3층 객실을 배정해주었다. 맥주를 한잔 들이키며 테라스 의자에 걸터앉는다. 상류쪽으로 멀리 로렐라이 언덕이 어둡게 변해가고, 강 건너

---

1) 잔크트는 성(聖)스럽다는 의미의 영어 세인트(St.)의 독일어 발음이다.

잔크트 고아르스하우젠 마을에 들어선 놀이기구

로 라인펠스(Rheinfels)성이 붉은 노을로 물들기 시작한다. 축제 분위기가 차츰 달아오르자, 어른들과 아이들, 동네의 젊은이들이 광장으로 모여들었다. 휘황한 불빛에 감싸인 공중그네가 사방으로 튀어 나갈 듯 힘차게 회전하고 그 속에서 환하게 웃고 있는 젊은 남녀는 세상을 다 가진 듯 행복하다.

잔크트 고아라는 지명은 6세기에 이곳에서 살았던 '성(聖) Goar' 수도사에서 유래한다. 그의 실제적인 삶이 어떠했는지는 자세히 알려져 있지 않지만, 프랑스의 남서부 지역 출신이고, 선행을 많이 베푼 인물로 알려져 있다. 악마를 내쫓고, 암사슴의 젖으로 거의 굶어 죽을 뻔한 동료 수도사를 살려낸 일화, 자신이 직접 만든 배로 거의 침몰 직전의 배를 구조하고 바위 동굴에 이들을 위한 치료소를 만든 이야기 등등 그에 관한 미담이 많다. 그는 고향인 남프랑스에서 포도나무를 라인 지역으로 가지고 와서 이곳 와인제조의 기틀을 마련한 공로로 포도나무를 키우는 자들의 수호성인, 또한 도공(陶工)과 벽돌장이, 그리고 여관업을 하는 사람들의 수호성인으로도 추앙받고 있다.

밤 11시가 지나자 창공을 활개 치던 놀이기구가 멈췄고, 천막의 음악 소리도 더 이상 들리지 않았다. 강을 오가는 배도 부두에 묶여 있다. 사람들은 집으로 돌아가고 마을은 다시 고요해졌다. 아무도 없는 강둑에 혼자 앉아 있다. 강물이 강둑을 찰싹찰싹 때린다. 라인강에는 어떤 물고기가 살고 있을까? 라인강에는 지금도 어부가 있을까? 한때 이런 궁금증이 있어 이런저런 자료를 뒤져 보니 흥미로운 것이 많았다.

### 라인강의 물고기

라인강에는 농어, 잉어, 장어, 메기, 붕어 등 50종 이상의 물고기가 살고 있고, 그중 37종이 토종이고 나머지는 외래종이다. 라인강에 서식하는 물고기 가운데 크기가 가장 큰 것은 촉수가 여섯 개나 되는 메기인데, 큰 것은 길이가 2m, 무게가 45kg이나 나간다.

라인강은 한때 유럽에서 가장 많은 연어가 사는 강이었다. 1885년도 통계에 따르면 한해 25만 마리가 잡혔다. 연어는 대체로 라인강 유역 전체에서 고르게 잡혔으나 잔크트 고아 지역을 특히 좋아했다. 연어는 수심이 깊고 강바닥이 좁게 패인 그늘진 곳을 즐겨 찾는데, 여기가 바로 그런 지역이다. 연어는 특히 소용돌이치는 폭포 근처에서 가장 많이 서식했다.

연어는 옛날부터 식용으로뿐만 아니라 의약품으로도 쓰였다. 중세의 만물박사 힐데가르트 폰 빙엔 수녀는 『다양한 창조물의 내적 본질』이라는 책에서 라인강의 연어를 잘름(Salm)과 락스(Lachs)로 분류하고 각각의 특성과 효능을 이렇게 기술하고 있다.

"잘름은 따뜻한 공기보다 찬 공기에서 더 많이 서식하고 해보다 달을, 낮보다 밤을 좋아한다. 햇빛보다는 달빛을 받을 때 더 잘 움직인다. 부드럽고 약한 살은 달을 닮았다. 잘름은 강바닥을 찾아 식물의 뿌리를 먹으며 일정 기간 버텨낸다. 이빨에서 고름이 나오고 이가 약해져서 흔들리면 이 물고기의 뼈를 갈아서 분말을 만들고 마른 소금을 첨가해서 밤에 잘 때 이빨 주위에 발라놓으면 잇몸이 튼튼해지고 건강한 치아를 되찾게 된다. 락스는 찬 공기보다 따뜻한 공기를, 밤보다 낮을 좋아한다. 강바닥을 찾기보다는 물의 중간 정도 깊이에 주로 머문다. 락스의 살코기는 잘

름보다 건강에 더 좋기는 하다. 하지만 이는 건강한 사람들한테만 적용되는 것이고 아픈 사람들한테는 효과가 별로 없다. 그 살코기가 따뜻한 공기에서 만들어졌기 때문에 몸이 냉한 사람한테는 좋지 않고 몸에 열이 많은 사람한테 이롭다."

연어의 숫자가 줄어들기 시작한 것은 라인강에 증기선이 다니면서부터다. 연어는 증기선의 커다란 수차(水車)에서 나오는 꿍음 때문에 산란에 어려움을 겪었다. 연어잡이 어부들은 증기선사에 손해배상을 청구하기도 했다. 근래에 들어와서는 직강화(直江化), 댐 건설, 방파제 설치 등으로 산란장소를 상실한 탓에 연어 숫자가 급격히 줄어들었고, 1952년 이후에는 거의 종적을 감췄다. 1986년 바젤의 화학공장 사고로 연어는 라인강에서 완전히 사라졌다. 최근에는 강력한 하수통제 등 다양한 보호조치로 연어가 라인강으로 다시 돌아오고 있기는 하지만, 최근 라인강에서 살고 있는 연어는 원래 라인강 토종 연어가 아니고 스웨덴이나 프랑스 출신 연어다.

Bonn 지역 신문(General-Anzeiger)에 실린 라인강의 어부에 관한 기사도 무척 재미있게 읽은 기억이 난다.

"루디 헬(Rudi Hell)은 라인강의 마지막 어부이다. 그는 '라인강', '마지막', '어부'라는 단어에서 묻어나는 묘한 향수, 허연 구레나룻, 검은 마도로스 모자, 유창한 언변으로 세계적으로 유명인사가 되었다. 유럽은 물론 일본에서도 TV 방송 기자들이 그를 취재하러 온다. 그의 집안은 300년 동안 대대로 라인강의 물고기를 잡아 생계를 유지해왔다.

그의 조부는 2차 세계대전이 일어나기 전 라인강의 연어를 대량으로 포획했다. 연어는 뒤셀도르프까지 운반하기 위해 커다란 사각형 얼음뭉치 위에 신선하게 보관되었다. 소년 루디 헬은 어른들이 어살(魚箁)을 수선할 때 그물망을 감거나 조개를 잡곤 했다.

그는 라인강 물고기의 변천사를 꿰고 있다. 잉어 뼈를 어떻게 하면 제대로 바를 수 있는지도 잘 알고 있다. 그는 지금도 일주일에 적어도 두 번은 라인강에서 잡은 물고기를 먹는데 그중 한 번은 반드시 장어를 잡아먹는다. 사람들은 강이 오염되어 잡은 물고기를 먹는 것을 두려워 하지만 지금까지 별 탈 없이 잘 지내고 있다고 자랑한다.

그는 문절망둑의 숫자가 늘어나서 이 고기를 먹고 사는 토종 민물농어도 최근 많이 증가했고, 라인강 하류에 가마우지가 너무 많아 장어 숫자가 급격히 줄어들었다고 불평했다. 가마우지는 하루에 최소한 장어 한 마리를 잡아먹는데, 하루 수천 마리의 장어가 사라진다.

루디 헬은 이제 고기잡이로만은 생계를 유지하지 못한다. 지금도 물고기를 잡는 것은 어부로서의 열정 때문이다. 어떤 날은 고기보다 플라스틱을 더 많이 건져 올린다. 버려진 TV, 냉장고, 컴퓨터, 기름통 등등 강에 내다버린 온갖 잡동사니가 그물에 걸린다. 일 년에 11㎥의 플라스틱을 건진다."

## 푸른 땅위에서의 사랑

호텔 뒤 언덕에 혼자 우두커니 서 있는 카츠(Katz)성에는 은은한 주황색 조명이 밤이 늦었는데도 여전히 비추고 있다. 하늘의 보석 플레아데스 성단이 중천에 걸려 있는 것을 보니 밤이 꽤나 깊었나 보다. 1811년에는 커다란 유성이 떨어졌다고 세계 여러 나라의 자료에 기록되어 있다. 조선왕조실록에도 '초저녁에 유성이 하늘 중앙에서 나와 동쪽으로 들어갔는데, 모양은 주먹만 하고, 꼬리의 길이는 3~4척(尺)이 되었으며, 빛깔은 흰색이고 빛이 땅을 비추었다'고 나와 있다고 한다. 그해 라인강 유역에서는 카츠성 위로 떨어지는 유성이 특별히 아름다웠던 모양이다. '카츠성 위로 떨어지는 거대한 유성'이라는 제목의 1875년 목판 프린트가 아직도 전해져 내려오고 있다.

후두둑 소리에 잠이 깼다. 방에서는 소리가 날 만한 것이 없다. 열어놓은 창문 곁으로 갔다. 지붕에 반쯤 기댄 나무에서 떨어지는 소리 같기도 했으나, 가을은 아직 한참이나 남았는데 성하고 푸른 나무 위에서 무엇인가가 떨어질 것 같지는 않다. 아마도 더위에 잠을 이루지 못한 작은 동물들의 움직임이리라. 어두운 숲을 향해 귀를 기울이며 방안에서 한참서 있었다. 나뭇잎을 가르는 바람 소리와 늦은 밤길을 서두르는 기차 소리가 멀리서 들려올 뿐, 더 이상의 바스락거림은 없었다.

깬 잠을 다시 청하기는 어려운 법, 문을 열고 호텔 밖으로 나왔다. 거리에는 오가는 사람이 거의 없다. 강가로 나갔다. 달과 별이 서로 다투지 않고 조화롭게 물 위를 비추고 있다. 슬픈 트럼펫 가락이 강물 위를 떠다니고 있다.

### 아름다운 트럼펫이 울리는 곳(Wo die schönen Trompeten blasen)
– 브렌타노의 민요집 『소년의 요술피리』에 수록

밖에서 문을 두드리는 소리, 누굴까
누가 그렇게 부드럽게 나를 부르고 있는 걸까?

그대가 사랑하는 사람이야,
어서 일어나 그리고 나를 들어가게 해줘!
어째서 나를 이렇게 오랫동안 세워두는 거야?
아침노을이 빨갛게 올라오고 있어,
빨간 아침노을 그리고 두 개의 밝은 별이 보여.
당신 곁에 있고 싶어

사랑하는 당신 곁에 있고 싶다구.


소녀는 일어나 그를 들여보냈다.

그리고 인사했다.

어서 와, 잘 왔어!

그렇게 오래 서 있었다니.


그녀는 눈같이 하얀 손을 내밀었다.

멀리서 나이팅게일이 노래했고,

소녀는 울기 시작했다.


울지마, 사랑하는 그대여

얼마 지나지 않아 그대도 나의 품에 올 거야.

확실히 나의 것이 될 거야

그대 아닌 다른 어떤 사람도 아니야.


오, 푸른 땅위에서 사랑하자.

나는 전쟁을 하러 푸른 들판으로 나갔지,

저 멀리 있는 푸른 들판으로!

아름다운 트럼펫이 울리는 곳,

그곳이 내 집이야,

푸른 풀이 있는 내 집이야.


소년과 소녀는 라인강 어귀, 작은 마을에서 같이 살았나 보다. 그리고 사랑을 했는가 보다. 소년은 전쟁터로 나갔다. 그리고 죽었다. 소녀는 소년이 죽었다는 소식을 듣고 밤낮으로 계속 울기만 했다. 그러던 어느 날, 소녀의 눈에 죽은 소년의 환영이 보인다. 하지만 소녀도 안다. 그건 아침 안개처럼 금방 사라져버릴 환상이라는 것을. 소년도 안다. 이승과 저승은 결코 포개질 수 없다는 것을. 소년은 서두르지 않고 기다릴 것이라고 말한다. 기다리면 소녀는 영원히 그의 품으로 올 것이라는 것을, 트럼펫이 울리는 푸른 들판에서 영원히 같이 살 것이라는 것을.

# 13

# 오래된 성벽

– 보파르트(Boppard)

갖가지 과일나무와 포도밭으로 둘러싸여 있는 작은 도시 보파르트 (Boppard)는 2,000년의 역사를 자랑한다. 로마인들은 기원전 50년경 바로 인접해 있던 켈트족 마을 보도브리카(Bodobrica)의 이름을 따와 이곳에 거주지를 만들었다. 서기 4세기경에는 강 건너편의 야만족인 게르만으로부터의 공격에 대비하기 위해 세로 308m, 가로 154m의 직사각형 군사기지를 만들었는데, 성채(Kastell)의 전체 넓이는 5헥타르나 된다. 높이 8.5m, 두께 3m의 성벽에는 일정한 간격의 망루 28개가 설치되어 있었다.

이후 많은 전쟁과 도시 개발, 세월의 풍화로 성채의 전체 윤곽은 지금 가늠해 볼 수도 없지만, 장방형의 성곽 잔해만은 일부 남아 있다. 이탈리아나 그리스의 현란한 유적에 비해서는 보잘것없지만 독일에 있는 로마 유적 가운데 가장 잘 보존되어 있는 곳이라고 한다. 앙거슈트라세 (Angerstrasse)의 고고학 공원에 남아 있는 성벽은 로마 시대의 것 그대로다. 여기서 초기 기독교도들의 무덤 50구가 발굴되었다. 보파르트의 로마성채가 레마겐, 코블렌츠 등 라인란트 지방의 다른 성채와 다른 점은 기존에 있던 요새를 활용해서 그 위에 만든 것이 아니라 군사적, 경제적 그리고 지리적 관점에서 계획적으로 새로 건설한 건축물이라는 것이다.

빨강, 분홍, 노란색 장미꽃으로 왕관을 두른 도시의 동쪽 관문 빙어 토어(Binger Tor)를 지난다. 아치형의 잿빛 성문과 성벽은 자갈과 벽돌, 모르타르의 강한 접착력에 힘입어 중세의 전란과 1, 2차 세계대전의 폭탄 세례도 견뎌내고 지금도 그 형체가 선명하다. 허름해 보이지만 두 개의 초록색 격자창이 단아한 집 한 채가 둔중한 성벽 아래 신음하듯 눌려 있다. 담벼락에는 주인을 위한 것인지, 아니면 지나가는 여행객에 대한 배려인지 서너 사람이 앉을 만한 빛바랜 나무 의자가 수줍게 기대어 있다.

## 5월의 나무

의자에 앉으니 지난 5월 어느 날 빙어가세와 푸츠가세(Putzgasse)가 만나는 조그만 광장에서 벌어졌던 풍경이 새롭다. 5월의 푸른 날 많은 사람들이 이 광장에 모여들었다. 길 한쪽에는 제복을 입고 자리 잡은 학생 밴드의 음악이 요란했고, 작업복을 입은 건장한 청년들의 움직임이 부산하다. 사다리차를 장착한 소방차 한 대가 꽉 찬 순대 속을 비집고 들어오듯 길가에 늘어선 양쪽 집에 닿을 듯 말 듯 힘겹게 광장으로 진입해 들어온다. 가운데 모여 있던 사람들이 길 양쪽으로 흩어진다.

사다리차는 푸른 하늘로 솟구쳤고, 거기에 올라탄 소방수가 긴 나무기둥에 걸쳐져 있는 굵은 동아줄을 제거한다. 마이바움(Maibaum, 5월의 나무)2)을 세우는 마지막 의식이 거행되고 있었다.

'마이바움'은 가지 끝에 온갖 장식을 꾸미고 4월의 마지막 날, 혹은 성령강림절 즈음에 마을 한가운데 세우는 커다란 나무 기둥을 말한다. 마이바움을 세우는 풍습은 풍요와 행운을 기원한다는 의미에서 주로 라인란트, 바이에른 등 독일 남부지역에서 전해 내려온다. 주민들은 길이가 40~50m가량 되는 가문비나무를 인근 숲에서 구해와 뿌리가 제거된 나무 기둥을 긴 장대와 동아줄, 최근에는 소방차 등의 도구에 의지해서 세운다. 마이바움을 세울 때는 악단이 마을을 돌며 흥을 돋우고, 마을은 축제 분위기에 빠져든다. 기둥은 각 지역의 전통에 따라 차이가 있지만 대

---

2) 마이바움(Maibaum)은 글자 그대로 옮기면 오월의 나무라는 뜻/五月株(오월주)

마이바움

개 한 달 정도 세워 둔다.

이러한 풍습이 언제부터 내려오는지에 대해서는 일치된 견해가 없으나, 게르만 부족시대에 숲의 신에 대한 숭배로부터 기원하는 것으로 보고 있다. 중세 초기 기독교의 영향이 강했을 때는 이교도적인 것이라고 해서 완전히 금지되기도 했으나, 시간이 지남에 따라 오히려 기독교에서 수용하여 라인란트 지역에서는 13세기가 되면 '성령강림절나무'로 불리기도 했다. 기둥 끝에 이파리를 조금 남게 하거나 왕관 모양으로 장식하는 현재와 같은 마이바움의 형태가 갖춰진 것은 16세기부터다.

마이바움의 또다른 형태로 '사랑의 나무(Liebesmaien)'라는 것이 있다. 이것도 독일 전역의 보편적인 풍습은 아니고, 주로 라인강 유역에서 행해지고 있다. 4월의 마지막 날 결혼하지 않은 남자는 평소에 연모하던 여인의 집 앞에 나무 기둥을 세운다. 이때 나무는 주로 자작나무를 사용한다. 자작나무는 겨울이 지난 뒤 처음으로 푸른 잎을 내는 나무이면서 동시에 봄을 상징하는 나무로 알려져 있다. 나무의 끝에는 현란한 깃발을 달고, 나무의 가운데는 튼튼한 종이로 만든 빨간 하트를 매단다. 그 하트에는 사랑하는 여인의 이름을 쓴다.

사랑의 나무는 6월 첫째 날까지 한 달 동안 세워 놓는다. 나무를 세운 남자는 한 달 뒤 나무를 제거하러 온다. 그러면, 여인의 어머니는 케이크를, 아버지는 맥주 한 박스를, 그리고 여인은 남자에게 키스를 선사한다. 남자는 사랑의 나무를 해체하는 것을 도와주는 친구들과 케이크와 맥주를 나눠 마신다. 나무가 해체되고 나면 여인은 기둥 밑을 톱으로 얇게 썰어 나무의 조각을 기념으로 간직한다. 여인이 남자를 식사에 초대하면 그의 사랑을 받아들인 것이 된다.

보파르트의 중앙광장에는 성 세베루스(St. Severus) 교회가 있고, 도심은 골목 사이로 흐리는 강이 보일 정도로 물에 가깝게 형성되어 있다. 중심을 벗어나 조금 북서쪽에 가르멜 교회(Karmeliterkirche)가 나타났다.

피어젠블릭에서 바라본 라인강 마을

이 도시에는 13세기 중반부터 가르멜 교단 소속의 수도사들이 정착해서 살고 있었는데, 교회는 14세기와 15세기에 걸쳐 건축되었다. 이곳의 가르멜 교단은 독일에서 가장 오래된 교단 가운데 하나이다. 가르멜의 수도사들은 엄격한 규율 아래 내적 삶의 체험을 중시하고 복음의 정신 아래 자신을 희생하고 수도생활에 전념했다고 한다. 건물을 두 바퀴 돈 끝에 겨우 교회 입구를 발견했다. 겉으로 보아서는 꼼짝도 할 것 같지 않아 보이던 무거운 철제문이 신기하게도 쉽게 열렸다. 내부에는 단 한 명의 사람도 없이 침침한 조명과 정적만이 흘렀다. 제단(祭壇)실에는 마태, 마가, 요한이 각각 황소, 사자, 독수리로 묘사되어 있고, 1460년에 참나무로 제작된 성직자석(Chorgestühl) 팔걸이에 익살스럽게 묘사된 형상들은 라인 목각 예술의 정수로 불린다.

보파르트 시내를 벗어나 리프트에 자전거를 매달고 전망 좋은 언덕 '피어젠블릭(Vierseenblick)'에 올라서 라인의 거대한 만곡(彎曲)을 감상한다. 스위스의 토마제(Tomasee)에서 발원하여 1,000km를 달려온 라인강은 이곳에서 거의 반원을 그릴 정도로 심하게 휘어진다. 쾰른의 사진작가 잔더(A.Sander)가 1936년 흑백으로 찍은 '보파르트의 라인굴곡' 사진은 라인강을 배경으로 촬영된 사진 가운데 최고의 걸작으로 꼽힌다.

# 14
# 천둥처럼, 검(劍)처럼

– 코블렌츠(Koblenz)

 

 

코블렌츠(Koblenz)를 10여km 남겨놓고 렌스(Rhens)에서 잠시 멈춘다. 라인 강변의 전형적인 작고 귀여운 마을이다. 마을의 중심지를 통과하고 좁은 오솔길을 지나 언덕을 향해 힘겹게 자전거를 민다. 요란한 음악 소리와 함께 반대 방향에서 산악자전거 세 대가 빛의 속도로 줄지어 내려온다. 급경사에 급커브라 가시덤불 옆으로 급하게 피하지 않았다면 큰 사고를 당할 뻔했다. 십대 중반쯤 되어 보이는 아이들이 일제히 "당케 쉔(고맙습니다)."이라고 외치며 값비싼 전리품을 획득한 말 탄 산적떼마냥 즐겁게 내리달린다.

'왕의 의자(Königsstuhl)'는 마을에서 그리 멀지 않은 곳에 있다. 2층 높이로 돌로 만들어진 팔각형의 작은 구조물인데, 그 위에 올라가면 강 너머 마르크스부르크(Marksburg) 城과 하류 쪽으로는 코블렌츠 어귀까지도 보일 정도로 전망이 좋다. 원래는 목조구조물이었으나, 나중에 석조로 변경되었고 8각형은 왕관을 상징한다. 이곳은 옛날 중세시대에 인근 선제후들이 모여 신성로마제국의 황제 선출을 논의했던 장소이다.

1273년 합스부르크의 루돌프(Rudolf) 5세 황제 선출을 위해 마인츠, 트리어, 쾰른의 대주교와 팔츠 공작이 모인 것이 시초가 되었고, 그 이후에는 황제뿐만 아니라 왕, 공작, 백작 제후들의 선출에 필요한 사전정지작업 논의를 위한 장소로 활용되었다. 왕의 의자는 지금까지도 정치적 목적으로 사용되고 있다. 코블렌츠 시장으로 선출되면 이곳에 와서 시장을 상징하는 목걸이(Amtskette)를 수여받는다. 그다지 특색 없는 장소같이 보이지만 유네스코 세계문화유산에도 등재되어 있다.

렌스의 맥주공장을 지나자 코블렌츠의 시 경계 간판이 눈에 들어온다. 강의 왼쪽으로는 슈톨첸펠스(Stolzenfels) 성(城)이, 오른쪽으로는 란에크(Lahneck) 성(城)이 반갑게 자전거의 도시 진입을 환영하고 있다.

코블렌츠는 라인강과 모젤강(Mosel)이 만나는 곳이다. 로마시대 주둔군 사령관이었던 클라우디우스 두루서스(N.Claudius Drusus)가 기원전 9년에 설립한 도시로 이름은 두 강의 합류 지점이라는 뜻의 라틴어에서 기원한

요새에서 도이체스에크를 바라보는 프랑스 군인들
(Bundesarchiv, Bild; 102-08810)

다. 코블렌츠는 2차대전 중 건물의 85%가 파괴되었으나 지금은 세 개의 고속도로와 일곱 개의 국도가 지나가는 교통의 요충지이다.

어느 해 가을 Bonn의 독일연방미술관(Bundeskunsthalle)에서 라인강을 주제로 특별 전시회가 열렸다. 라인강에 관한 각종 역사적 자료, 조형물, 사진, 그림 등을 모아 놓은 기획 전시회였다. 본 연방미술관 관장과의 인연으로 전시회에 초대되어 개막식에 참석했고, 식이 끝난 후 기자, 학예연구사, 문인 등 관련자들과 저녁식사도 함께 했었다.

그날 전시회 작품들 가운데 한 장의 흑백사진이 유독 눈에 띄었다. 긴 창이 끝에 달린 소총을 맨 세 명의 군인이 언덕 위에서 안개가 자욱하게 깔린 도시와 강을 바라보는 사진이었다.

그 자리에서는 사진의 배경이 어디였는지 알 수 없었으나 나중에 알게 된 것은 그 사진은 1차대전이 끝난 후 얼마 지나지 않은 시점에 코블렌츠의 '에렌브라이트슈타인(Ehrenbreitstein)' 요새에서 프랑스 병사 3명이 빌헬름 1세의 동상이 세워진 '도이체스 에크(Deutsches Eck)'를 내려다보는 사진이었다.

### 라인강을 지키자!

19세기 초 나폴레옹이 휩쓸고 지나간 라인란트 지역은 1815년 비엔나회의 결과 프로이센 영토로 편입되었다. 프로이센은 이 지역을 프랑스와의 인접성, 철도, 수상 등 교통의 요충지로서 전략적으로 중요하다고 보고 1815-1834년간 이 지역 전체를 요새화했다. 코블렌츠 요새는 지브러울터를 제외하고는 유럽에서 가장 큰 요새가 되었다.

독일제국이 1차대전에서 패망한 후 에렌브라이트슈타인 요새는 베르사이유 조약에 따라 철거하기로 되어 있었다. 그러나 문화적 가치를 인정받아 철거 계획이 백지화되고 보존하기로 결정되었다. 제1차 세계대전 종전 후 처음에는 미군이 점령하였고, 1923년부터 1929년까지는 프랑스군이 요새를 차지하였다. 그 사진은 프랑스군 점령 기간에 촬영된 것이다.

피레네와 알프스산맥, 그리고 라인강을 자연 국경선으로 삼고자 했던 프랑스, 독일 정신과 독일 민족의 상징인 라인강을 사수하고자 했던 독일.

라인강을 사이에 두고 이쪽과 저쪽 강 연안 지역의 지배자가 계속해서 바뀌었다. 라인강은 언제나 독일과 프랑스 간 패권 다툼의 최전선이었다. 독일인들은 라인을 지배하는 자가 유럽을 지배하고 세계를 호령할 수 있다고 믿었다. 이들은 에렌브라이트슈타인 요새의 높은 언덕에서 라인강을 내려다보며 노래했다.

### 라인강의 수비(Die Wacht am Rhein)

– 이 노래는 주로 1차대전 때 독일군이 불렀던 군가였고, 2차대전 때는 연합군의 라인강 도하를 막으려는 독일군의 작전명이기도 했다.

외침은
천둥처럼 劍처럼 물결 소리처럼 울린다
라인으로, 라인으로, 독일의 라인으로 가자
누가 강의 수호자가 될 것인가?
외침은 수십만 명을 통해 빠르게 퍼져나가고
모든 이의 눈은 밝게 빛난다
우직하고 경건하고 강한 독일인

신성한 국경을 수비한다

조상의 영웅들이 있는

천상의 초원을 올려다본다

그리고 뿌듯한 전투의 열망으로 맹세한다

너 라인은 나의 가슴과 같이 독일에 머물 것이라고


한 방울의 피가 끓고 있는 한,

칼을 뽑는 주먹이 하나라도 남아 있는 한,

총을 들고 있는 팔이 하나라도 붙어 있는 한,

어떤 적도 여기 강가에 발을 딛지 못하리


(후렴)


사랑하는 조국이여 안심하라

라인의 수비는 견고하고 충실하다


라인강과 모젤강이 만나는 곳, 어머니 모젤이 아버지 라인의 품속으로 들어가 하나가 되는 곳, 도이체스에크[3]는 날카로운 턱같이 뾰족하게 튀

---

3) '에크'는 독일어로 모퉁이라는 뜻

어나와 있다. 여기에 독일을 통일한 빌헬름 1세의 기마상이 멋들어지게 서 있다. 기마상은 원래 1887년에 처음 세워졌으나, 1945년도 미군의 코블렌츠 공습으로 파괴되었고, 지금의 동상은 1993년도에 재건된 것이다. 당시 미군이 고의로 동상을 파괴했는지는 아직도 밝혀지지 않고 있다. 프랑스군은 동상이 파괴된 자리에 평화의 기념비를 세우려고 했으나 자금 부족으로 실행되지는 못했다.

빌헬름 2세가 빌헬름 1세의 기마상을 도이체스에크에 세우려고 결정한 것은 코블렌츠와 특별한 관계가 있기 때문이다. 빌헬름 1세는 프로이센의 왕으로 등극하기 전 1849년부터 1857년간 라인 지역에서 군대 지휘관으로 근무한 적이 있었다. 도이체스에크에 자리를 잡은 독일기사단의 단장 중 한 명이 프로이센 왕가의 첫 번째 공작이 되었다는 것도 코블렌츠와 프로이센과의 연관성을 설명해준다.

빌헬름 1세의 기마상은 프랑스에 대항하는 독일의 대표적인 상징으로 알려져 있기도 하지만, 독일의 군국주의를 미화하고 있다는 비난을 받기도 했다. 풍자시인 투홀스키(Kurt Tucholsky)는 1930년 기마상에 대해 이렇게 꼬집었다.

'나무가 많은 넓은 길을 걸어가고 있었는데, 갑자기 나무가 사라지고

빌헬름 1세 기마상

공터가 나왔다. 위를 쳐다보고 거의 기절할 뻔했다. 빌헬름 1세 황제의
거대한 기념비가 세워져 있다. 멋져 보이기도 하지만 마치 케이크 위에
뭔가를 올려놓은 것 같다. 전쟁 책임이 있는 독일을 상징하는 기마상! 마
구 두들겨 패고 싶다.'

  2차대전이 끝나고 70년도 훨씬 지난 어느 날, 햇빛이 강렬하게 내리쬐
는 코블렌츠의 도이체스에크는 축제로 바쁘다. 빌헬름 1세의 기마상은
음악회 무대장치로 반 이상이 가려졌고, 에렌브라이트슈타인 요새는 리

프트를 타고 오르내리는 관광객을 맞이하느라 분주하다. 1950년대 이곳에서 활동하였던 독일 문필가 네벨(Gerhard Nebel)이 문명과 기술로부터 오염되지 않는 곳, 완전히 다른 신세계라고 노래했던 모젤강 계곡은 이제 캠핑장으로 하얗게 덮여 있다.

"모젤계곡으로 접어드는 이곳으로 들어서면 그대는 전혀 다른 세상, 산업의 흔적이 없는 시대로 들어선다. 젊은 시절, 큰 홍수가 날 때도 있었지만 더운 여름, 걸어서 강을 건널 정도로 얕은 여울이 만들어지곤 했다."

삶은 감자, 튀긴 감자, 구운 연어, 태운 소시지, 카레소시지, 크레페… 자전거 길 양쪽으로 끝없이 도열해 있는 음식부스를 지난다.

빼곡한 관광객들의 틈을 지나 자전거는 이제 다시 속도를 내어 강 하류쪽으로 달린다.

# 15
# 깊은 숲

– 노이비트(Neuwied)

2,000년 전 지중해가 문명의 중심지였을 무렵 라인강 동쪽 땅은 춥고 음습한 숲으로 덮여 있었고 그곳에 살고 있던 게르만족은 문명세계의 삶과는 동떨어진 다른 방식으로 살아가고 있었다. 카이사르는 지금은 프랑스 영토인 라인강 서쪽 갈리아는 그나마 로마 문명을 어느 정도 이식시킬 수 있는 지역으로 보았으나 강 너머 동쪽 땅에 살던 게르만족에 대해서는 확신이 없었다. 갈리아 정복에 매진하던 카이사르는 기원전 55년 초여름, 게르만 부족의 습격을 받고 그의 갈리아인 친구가 죽자 이들을 추격하다 라인강 물길에 가로막히게 되었다.

강은 거칠었고 아직 인간들에 의해 길들여지려면 보다 긴 세월을 필요로 했다. 더군다나 변덕스런 날씨로 물결은 더욱 거세게 강둑을 때리고 있었다. 라인강은 그때까지 로마제국의 자연 국경선으로 인식되어 있었고, 그 어떤 로마 장군도 이 강을 건너지 않았다.

카이사르는 안더나흐(Andernach)의 강변에서 그 너머 동쪽 노이비트(Neuwied)를 바라보았다. 강폭은 대략 400m, 수심은 아주 깊지는 않으나 족히 4m는 넘어 보였다. 참모들은 다리를 건설하기는 매우 어려우니 배를 이용해서 도강하자고 제안했다. 고민하던 카이사르는 제국의 군단이 강물이 무서워 배를 타고 건넌다는 것은 격에 맞지 않는다는 결론에 이르렀고 마침내 다리를 하나 새로 만들 것을 지시했다.

정확히 어떤 지점에 다리가 세워졌는지에 대해서는 史家들간 의견이 분분하지만 1885년 바지선이 당시 교량 건설에 사용되었을 것으로 추정되는 참나무 쐐기 잔해를 노이비트 근처에서 찾아낸 것을 근거로 대략 그 근방 어디쯤일 것으로 추정하고 있다.

카이사르, 강을 건너다

로마 군인들은 지천에 깔려 있던 나무를 베어 다리를 만들었다. 교량 건설 작업은 지금까지 사용되지 않았던 새로운 혁신 공법으로 진행되었는데, 대들보와 교각으로 이루어진 '형교(beam bridge)'였다. 로마군은 다리 건설이나 숙영지를 신속하게 짓는 데는 타고난 재주가 있었다. 이들의 기량은 라인강에서도 유감없이 발휘되었다.

군인들은 횃불을 밝혀 밤에도 일했다. 강 건너 게르만족들은 무서운 속도로 다리가 만들어지는 것을 보고 당황한 나머지 상류에서 커다란 뗏목을 띄워 흘려보내 교각에 부딪히게 해서 다리를 무너뜨리려는 전략을 구사했으나, 이를 간파한 로마군이 교각 앞에 보호목를 설치해 뗏목과 교각이 충돌하는 것을 막음으로써 게르만족의 노력은 수포로 돌아갔다. 불과 열흘 만에 다리가 완성되었다. 동일한 공법과 동일한 재목으로 21세기에 그러한 다리를 놓는다고 해도 열흘 만에 완성하기는 거의 불가능할 것이라고 현대의 교량 전문가들은 말한다.

카이사르와 2만 5,000명의 중무장한 로마 두 개 군단은 폭이 10m나 되는 크고 견고한 다리 위를 상큼한 강바람을 맞으며 대오를 맞추어 위엄 있게 천천히 건넜다. 강 저쪽의 게르만족들은 마을을 버리고 숲속으로 줄행랑을 쳤다. 강을 건넌 카이사르는 마을의 집과 남아 있는 곡물을 모조리 불사르라 명하고, 문명 밖의 세계를 18일간 평정했다. 그리고 퇴각을 명했다. 그 정도면 로마제국의 위세를 야만족에게 충분히 과시했다고 생각했다. 로마군단은 다리를 건너 다시 라인강 좌안에 도달했다. 그리고 최신 공법으로 멋들어지게 만든 다리를 두 번 생각하지 않고 완전히 파괴했다. 퇴각하는 로마군을 멀리서 따라오던 털북숭이 게르만족들은 거대한 다리가 순식간에 뗏목으로 변해 강물 위로 어지러이 흘러내려가는 모습을 물끄러미 쳐다보았다. 카이사르는 그로부터 몇 달 후 갈리아 원정을 마치고 브리타니아 정복길에 올랐다.

카이사르가 만들었던 다리가 있었던 곳으로 추정되는 지점 근처에 지금은 라이파이젠 브뤼케(Raiffeisen bruecke)로 불리는 흰색 교각의 현수교가 강의 양쪽을 연결하고 있다. 자전거는 깔끔한 현대식 다리 위를 지나고 강 동쪽 도시 노이비트를 통과하여 라인강의 지류 비트(Wied) 개울을 따라 조용히 나간다. 급히 갈 일도, 쉬면서 갈 일도 없다. 자전거 바퀴와 다리 근육과 핸들을 조정하는 손목, 그리고 앞을 내다보는 눈동자, 이들간의 소통과 협력에 몸을 맡길 뿐이다. 한참을 달려 알트비트(Altwied)라는 작은 마을에 닿았다.

뱀이 또아리를 튼 듯 개울이 감싸 안은 마을 한가운데는 무너진 성곽이 허옇게 솟아 있다. 골목 어귀에 한때 독일에서 가장 아름다운 마을 가운데 하나로 선정되었다는 광고 문구가 없었더라도 마을은 아기자기 예쁘다. 좁은 골목, 나무로 만든 오래된 집, 문 앞에 달랑거리는 장식품, 개울 뒷편의 우거진 숲, 누군가 시간의 속박에서 벗어나 아름답고 오래된 독일 중세마을을 보고 싶다고 말하면 이곳에 와볼 것을 권하고 싶다.

성곽에 올라 사방을 둘러보고 내려와 자전거의 방향을 다시 돌려 개울물을 따라 라인강 쪽으로 달려간다. 비가 오려는지 바람의 움직임이 심

라이파이젠 브뤼케(다리)

알트비트(Altwied) 마을 전경

상치가 않다. 숲이 성난 파도같이 이리저리 요동치더니, 굵은 빗방울이 떨어진다. 배낭에서 급하게 비옷을 꺼내 입었지만, 이미 맹렬해진 빗줄기는 비옷으로 간신히 가려진 상의만 남겨놓고 몸의 나머지 부분을 다 적셔버렸다. 순식간에 당해 정신이 없었지만, 한편으론 마음이 편해졌다. 어지중간하게 축축해진 옷보다는 한 번에 젖어버리는 것이 훨씬 낫다는 생각을 했다. 세차게 뿌리는 빗방울이 안경을 때리고 시야를 가리는 바람에 더 이상 전진하는 것은 무리일 것 같아 자전거를 세우고 숲 가장자리 커다란 나무 아래 벤치 위에 앉았다. 나무 이파리와 줄기가 안식처를 제공해주었다.

카이사르가 라인강을 평정하고 50여 년이 지난 어느 해 게르만 부족이 제국의 국경을 다시 어지럽히고 있다는 소식이 로마 황제의 귀에까지 들어갔다. 아우구스투스 황제는 마침 제국을 라인강과 도나우강을 넘어 엘베강까지 확장할 구상을 하고 있었는데, 좋은 핑곗거리가 되었다.

황제는 바루스 장군을 대장으로 로마군 세 개 군단의 파병을 결정한다. 서기 9년 9월 바루스가 이끄는 로마군은 베저(Weser)지역을 넘어 라인강의 크산텐(Xanten) 지역으로 진군했다.

## 로마군단의 굴욕

선두에서 로마군대를 인도하던 게르만 부족의 우두머리는 25세의 '아르미니우스(Arminius)'였다. 그는 로마군에서 복무했고 로마의 시민권도 획득했으며 기사 작위도 받았다. 온전히 로마인으로 행세하기에 손색이 없었다. 하지만, 아르미니우스의 조국애는 남달랐다. 그의 조국은 여전히 게르만이었고 로마군의 붉은 망토가 신성한 게르만의 숲에 휘날리는 것을 원하지 않았다.

그는 로마군의 선두에서 길잡이 노릇을 한다는 구실로 이들을 유인하기로 했다. 영민한 아르미니우스는 전투력이 절대적으로 열세였던 게르만족이 로마군을 한 번에 섬멸시키려면 숲속으로 끌어들이는 방법밖에 없다고 생각했다. 그는 로마군을 검은 숲속으로 인도하기 위해 게르만족 가운데 어떤 한 부족이 모반을 시도하고 있다고 바루스에게 알린다. 로마군단은 이들을 추격하기 위해 마침내 빽빽한 게르만의 숲으로 접어든다.

숲길은 좁아서 로마군인 네 명이 옆으로 나란히 서기에도 힘들었다. 세 개 군단 전 병력이 숲 안으로 다 들어섰을 때 그 전체 길이는 15km를 넘었다. 탁 트인 대지에서 밀집대형이 되어야 최상의 전투력을 발휘할 수 있는 로마군단으로서는 최악의 전투대형이 되어버렸고, 기습공격의 먹이감으로는 완벽한 배열이 되었다. 며칠 동안 내린 비로 질퍽거리는 숲길은 로마군의 자유로운 움직임을 더욱 어렵게 했다.

숲에 매복하고 있던 게르만족들이 로마군을 일제히 공격했다. 3일간의 전투로 로마군은 궤멸되었다. 3개 군단 2만 명의 군인과 그 가족까지 합해 3만 명의 로마인이 지중해의 따스한 햇볕을 다시 쬐지 못하고 습한 게르만의 '토이토부르크' 숲속에서 영면했다. 최근의 넷플릭스 6부작 시리즈 〈Barbaren(야만인)〉에 당시 게르만 부족과 로마군 간 숲속에서의 치열한 전투가 잘 묘사되어 있다.

로마의 역사가 플로루스는 "로마제국은 토이토부르크 숲속의 패배로 그 국경을 라인강에서 발견했다."라는 한 문장으로 이 전투를 규정했고, 클라이스트(Kleist)는 이 주제를 가지고 희곡 「헤르만의 전투」를 썼다. 하이네(Heine)는 「겨울동화」에서 "금발의 무리를 이끈 헤르만이 전투에서 이기지 못했다면 더 이상 독일의 자유는 없었으리라. 우리는 로마인이 되었으리라."라고 외쳤다.

로마의 최정예 3개 군단이 문명세계의 바깥에 있던 야만의 게르만족과의 전투에서 괴멸되었다는 소식은 로마 전체를 커다란 충격에 빠뜨렸다. 당시 로마제국은 인구 5,500만 명, 지금의 이라크로부터 영국에 이르기까지 거대한 제국을 유지하고 있던 세계 최강국가이자 세계 문명의 중심지였다. 이 전투에서 전체 로마제국 병력의 8분의 1이 사라져버렸고, 로마군단 사령관 바루스는 자살했다.

토이토부르크 전투의 실제 전황, 당시 최강의 로마군단이 어찌하여 허접한 게르만의 무리에게 그토록 무참히 도륙을 당했는지, 전투가 벌어진 정확한 지점은 어디인지에 대해 아직까지도 논란이 많고 여전히 학자들의 연구 대상이 되고 있다. 특히 전투가 벌어진 정확한 장소가 어디인지에 대해서는 700개가 넘는 이론이 있다고 한다.

그러나 분명한 것은 토이토부르크 전투는 게르만족이 세계 최강의 로마제국에 당당하게 맞서 그 정예부대를 무찌른 역사적인 사건으로 독일인들에게는 신화의 반열에까지 자리매김하고 있고, 마틴 루터에 의해 처음으로 헤르만이라는 이름을 얻게 된 아르미니우스는 독일의 해방자로서 민족 영웅으로 추앙받고 있다는 것이다. 또한 많은 독일인들은 그들의 선조를 로마로부터 구원한 것은 게르만의 신성한 숲이었다고, 토이토부르크의 숲이 없었다면 그들은 일찍이 로마인의 노예가 되었을 것이고 독일 민족의 정체성도 지키지 못했을 것이라고 믿었다.

비가 잠시 멈춘 틈을 타서 다시 자전거를 일으켜 갈 길을 재촉했다. 그러나, 얼마 가지 못해 또다시 거센 폭우를 만났다. 이제는 나무 밑에서 비를 피할 수 있는 정도가 아니었다. 광풍이 몰아치는 것이 범상치 않았다. 다행히 숲 언저리에 카페가 보였다. 기대하지 않았던 행운에 감사한 마음으로 급하게 문을 열고 들어갔다. 폭풍우가 내리는 숲속 카페에 손님이 있을 리가 없었다. 넉넉한 웃음이 인상적인 중년의 주인장은 물에 흠뻑 젖어 초라한 여행객을 반갑게 맞아주었다. 청하지 않았는데 마른 수건을 가져다주었다. 따뜻한 물 한잔을 건네면서 주문은 천천히 해도 된다는 말을 남기고 주방으로 사라졌다.

## 숲의 민족
뿌연 안경을 닦고 따뜻한 물을 한 잔 들이켰다. 세상에 다시 평화가 찾

숲속의 척후병(카스파 데이비드 프리드리히; 1774-1840)

아왔다. 조그만 카페의 벽면은 군데군데 동물 박제가 걸려 있고 빛바랜 사진, 모조품 그림들이 사이사이를 채웠다. 많은 그림 가운데 독일 낭만주의 화가 프리드리히(Caspar David Friedrich)의 〈숲속의 척후병(der Chasseur im Walde)〉이 유독 돋보였다.

한 사나이가 물끄러미 숲을 쳐다보고 있다. 숲은 초록이 짙어 흑색이 되었다. 빛나는 투구, 땅에 끌리는 장총, 외투와 흰색 제복, 사나이는 군인임에 틀림없다. 늘어진 어깨엔 전장에서 단련한 기개는 오간 데 없다. 나뭇가지와 대지는 겨울눈으로 덮여 있고 줄기가 싹둑 잘린 그루터기가 시선을 잡는다. 하나는 반듯하게 하나는 삐딱하게 누워 있다. 까마귀 한 마리가 그루터기에 앉아 있다. 촛대처럼 쭉 뻗은 키 큰 나무들은 촘촘한 대형으로 숲을 이루었고 숲은 삼켜버릴 듯이 사나이를 압도하고 있다. 한 발짝만 더 들어가도 영영 안에 갇혀 버릴 것 같이 깊고 어두운 숲. 가지를 간신히 비집고 나온 하늘은 볼품이 없고, 바람이 자고 있는 숲은 싸늘하고 적막하다. 검고 거대한 숲 앞에서 작은 사나이가 서 있다. 사나이는 누구이고 이곳은 어디인가? 동료들은 어디 가고 어째서 혼자서 이곳에 있는가? 무엇을 하고 있는가?

그림에 등장하는 사람은 라이프치히 전투에서 프로이센에 굴복한 나폴레옹의 군인이다. 화가는 하얀 눈과 그루터기, 죽음의 전령인 까마귀의 상징을 통해 프랑스의 패배와 질서정연하게 촛대같이 흔들림 없이 늘어선 가문비나무 숲을 통해 강력한 프로이센을 나타내고자 했다.

숲은 독일이다. 숲을 빼놓고는 독일을 말하기 힘들다. 독일 사람과 독일 민족, 독일의 풍습과 풍광, 역사와 문화, 독일의 정체성을 거론할 때면 어김없이 등장하는 것이 독일의 숲이다. 숲은 독일인의 원형, 독일의 영혼이 깃들어 있는 곳이다. 주변에 충분한 면적의 숲이 없으면 독일인들은 왠지 불안해한다. 19세기에 살았던 독일의 역사학자 릴(Wilhelm Heinrich von Riehl)은 "목재가 아니더라도 우린 숲이 필요하다. 사람들이 와인을 필요로 하듯 독일 민족에게는 숲이 필요하다."라고 말했다.

영국 런던의 한 대학에서 영어로는 표현할 수 없는 각국의 아름다운 말을 수집하는 프로젝트를 진행한 적이 있다. 우리말 가운데는 '한', '정', '눈치', '사랑' 등이 포함되어 있었다. 각국에서 수집한 말 가운데서 세계에서 가장 아름다운 단어 열일곱 개를 골랐는데, 그 가운데 독일어 명사 'Waldeinsamkeit'가 포함되어 있다.

이 단어는 숲의 서정 작가, 낭만적 숲의 창조자로 알려진 18세기 시인 티크(Ludwig Tieck)가 만들어낸 것으로 숲을 뜻하는 'Wald'와 고독, 외로움을 뜻하는 'Einsamkeit'가 합쳐져서 만들어진 합성어다. 우리말로는 '숲의 고독' 정도로 번역이 되겠지만 본래 독일어가 품고 있는 그 맛을 전달하기에는 뭔가 많이 부족하다.

이렇듯, 세계에서 가장 아름다운 말에 포함된 독일어의 맨 첫 단어조차 숲이다. 왜, 언제부터, 독일은 '숲의 나라', '숲의 민족'이라고 불리고 있는가? 숲은 독일에만 있는 것은 아니다. 중유럽과 북유럽의 상당 부분이 숲으로 덮여 있다. 핀란드는 독일보다 숲 면적이 더 넓고 미국에는 독일보다 더 큰 나무들이 자라고 있다. 하지만 이들 나라를 숲과 결부시키지는 않는다.

숲은 원시시대에도 고대에도 중세시대에도 독일의 많은 지역을 차지하였다. 숲은 중세시대까지만 해도 집과 배를 만드는 원료를 공급하는 곳, 돼지를 키우는 곳으로 기능했지만, 가까이 가기에는 뭔가 께름칙하고 섬뜩한 곳, 도적들이 사는 어둠의 세계였다. 1522년 레겐스부르크(Regensburg)학파를 대표하는 화가 가운데 한 사람인 알트도르퍼(Albrecht Altdorfer)가 〈뵈르트성이 있는 도나우 풍경〉이라는 그림에서 처음으로 숲과 나무가 비로소 회화의 중요한 묘사 대상이 되었을 정도로 그 이전까지 숲은 그림에서조차 천대를 받았다.

숲을 독일의 민족성과 연계시키려는 노력은 19세기 낭만주의 시대에 처음 시도되었다. 당시 독일은 프랑스나 영국과 같이 강력하고 단일한 민족국가가 아니었다. 신성로마제국의 깃발 아래 느슨하게 연계되어 있는 수백 개의 작은 나라들로 구성되어 있었다. 외세의 침입으로부터 영토를 방어하기 위해서는 강력한 민족국가가 필요했고, 독일의 민족성을 고양하기 위해서는 독일적인 그 무엇인가가 필요했다.

낭만주의자들은 숲에서 그 답을 찾고자 했다. 숲은 이들에게 원초적인 것, 자연 그대로 때 묻지 않은 것, 헤아리기 어려운 동경의 대상이 되었다. 하이네는 독일의 '숲'을 프랑스의 '도시성'에 대한 반대 개념, 아이헨도르프는 숲을 민족적 단일성과 자유의 총체로 이해했다. 그들은 서기 9년 토이토부르크 숲속의 전투를 게르만 민족의 우수성을 전파하는 중요한 시발점으로 삼았다. 아르미니우스는 민족의 영웅이 되었다. 그림 형제 동화의 대부분은 '옛날 옛적 숲속'에서 시작되었고, 독일 오페라의 효시라고 할 수 있는 베버의 〈마탄의 사수〉의 무대는 보헤미아의 숲이었다.

독일의 숲은 히틀러의 제3제국 시절, 민족주의를 넘어 전체주의의 선전 도구로 활용되었다. 지금도 유튜브를 통해 쉽게 접할 수 있는 약 70분 길이의 나치의 흑백 선전 영화 〈영원한 숲(Ewiger Wald)〉을 보면 이들이 얼마나 숲과 독일 민족을 동일시하려고 했는지를 알 수 있다.

스산하고 기묘한 배경음악으로 시작되는 영화는 독일 전체 역사와 문화를 숲으로 시각화하고 있다. '영원한 숲과 영원한 민족, 나무는 너와 나와 같이 살고, 너와 나와 같은 공간을 지향한다. 민족은 숲과 같이 영원하다.'라는 내레이션을 통해 숲과 민족은 서로 분리될 수 없는 동일체로 묘사된다.

나치 산림장관 헤르만 괴링은 "과거에도 그렇고 앞으로도 영원한 것을 나타내는 것으로 숲보다 나은 것은 없다. 영원한 숲과 영원한 민족은 서로 긴밀하게 결합되어 있다."라고 강조하면서, 나치라는 국가사회주의체계를 숲으로 이루어진 새로운 세계의 하부 구조로 해석하기도 했다.

나치는 또한 숲을 이용해서 그들의 반유대주의를 공고히 했다. 독일은 숲의 민족이고 유대인은 사막의 민족이라고 주장했다. 숲의 민족은 영원하며 사막의 민족은 멸망한다는 것이다. 괴링은 '숲속을 거닐면 조물주의 찬란한 피조물을 볼 수 있다. 숲은 신이 창조한 멋진 자연을 보는 기쁨을 충만케 한다. 숲속을 걸으면서 목재만 생각하고 스스로 선택받았다고 믿는 그러한 민족과는 분명 구별된다'고 말하기도 했다.

제2차 세계대전이 끝나고 나치 시대의 숲 이데올로기는 사라진다. 숲은 전쟁의 참화를 면한 곳, 안식과 휴양의 장소가 되었다. 1950년도에 상영된 서독 최초의 천연색 영화 〈검은숲의 처녀(Schwarzwaldmaedel)〉에는 독일 남부의 숲이 독일인들이 그리는 고향의 전형적인 모습으로 소개되었고, 같은 해 동독에서도 〈차가운 마음〉 이라는 최초의 천연색 영화가 상영되었는데, 촬영된 곳은 튀링겐 지역의 가문비나무 숲이었다.

# 16
# 끊어진 다리

  – 레마겐(Remagen)

  7월의 강은 바닥에 닿을 정도로 컨테이너를 가득 실은 화물선과 종류도 다양한 유람선, 요트 그리고 노를 젓는 아이들로 분주하다. 자전거는 아르탈(Ahrtal)의 시냇물이 라인강과 합류하는 골덴 마일레(Golden Meile)를 지나 레마겐(Remagen)으로 접어든다.

  지금 레마겐에는 다리가 없다. 강 양쪽으로 시커먼 망루만 남아 있다. 흔히 '레마겐의 다리'로 불리는 '루덴도르프 철교'는 1차 세계대전의 영웅으로 칭송받던 독일군 에리히 루덴도르프(Erich Ludendorf) 장군의 이름을 따와서 세워졌다. 다리는 1916년 건설을 시작해서 1918년 8월 준공식을 가졌다. 라인강 서쪽의 레마겐과 동쪽의 에르펠(Erpel)을 이어주는 양

레마겐의 망루

방향의 철로와 그 옆으로 사람이 오고 갈 수 있는 인도로 이루어졌었다. 다리는 당초 루르지역의 철광석을 독일 서부전선으로 나르는 보급로로 활용하려는 계획이었다. 그러나, 막상 준공한 후 몇 달 뒤에 전쟁이 끝나 버려서 원래의 목적으로는 기능을 충분히 발휘하지 못했다. 실제로 다리 위로 기차는 별로 다니지 않았고, 오히려 레마겐과 에르펠을 오가는 주민들과 관광객들이 많이 애용했다.

### 자유세계의 수호

레마겐의 다리가 유명해진 것은 2차 세계대전이 막바지로 치달을 무렵인 1945년 3월의 사건 때문이다. 그 전해 1944년 노르망디에 상륙한 연합군은 베를린 공세에 총력을 기울이고 있었다. 히틀러는 연합군의 라인강 도하를 막기 위해 라인강의 다리를 모두 파괴했으나, 레마겐 철교만은 남겨두었다. 1945년 3월 17일 연합군이 다리를 차지하자, 히틀러는 연합군이 점령한 다리를 파괴하려고 했으나 쉽지 않았다. 다리의 지배권을 둘러싸고 양측 간 치열한 공방전이 벌어졌다. 히틀러는 V2 등 당시의 최신 무기를 동원했다. 아이젠하워 장군은 다리의 무게가 금의 무게만큼이나 된다고 말할 정도로 다리의 중요성을 강조했다. 히틀러의 끈질긴 공격에도 불구하고 연합군은 다리를 굳건히 지켰고, 상당수 미군이 도하에 성공했다. 하지만, 레마겐 다리는 얼마 지나지 않아 붕괴되고 말았다. 망루를 개조해서 만든 평화박물관(Friedensmuseum)에 비치된 1945년 3월 18일자 미국의 성조기(The stars and stripes) 지(誌)는 다리 붕괴에 대해 이렇게 기록하고 있다.

"제9사단이 도하한 지 열흘 만인 어제 오후 루덴도르프 다리가 내려앉았다. 사전 경고 없이 무너졌으나, 다리 위를 오가는 차량이나 사람은 없었다. 현장에 있던 제1사단 엔지니어는 다리 위를 오갔던 차량의 무게와 독일군의 수차례 포탄 공격으로 다리의 지반이 약화되어 다리가 붕괴된 것이라고 판단했다. 교량이 무너져 내릴 때 약 150명의 공병들이 작업을 하고 있었는데, 물에 빠진 공병 가운데 32명이 사망하고, 63명이 부상을

에르펠 언덕 갈대밭에서

당했다."

박물관에서 나와 배를 타고 건너편 마을 에르펠로 갔다. 내친김에 절벽 위까지 올랐다. 여기서 보는 라인강의 풍경이 일품이다. 일렁이는 갈대숲 사이로 강 건너 레마겐의 시커먼 망루가 근엄하게 서 있고 그 위엔 커다란 미국의 성조기와 검정, 빨강, 노란색의 독일 삼색기가 휘날리고 있다. 두 깃발 사이의 간격은 꽤 벌어져 있었으나 적당한 간격에 사이좋게 펄럭이고 있다.

독일과 미국, 두 나라의 관계는 20세기 초반까지만 해도 좋았다. 많은 독일인들이 미국으로 이민을 갔다. 약 600만 명의 독일어 사용자가 1820

년부터 1920년까지 신대륙으로 삶의 터전을 옮겼는데, 이 숫자는 영국이나 아일랜드보다 많았다. 트럼프 대통령의 조상도 이때쯤 미국으로 건너갔다. 1882년 한 해만 해도 25만 명이 이민 갔다. 이들은 경제적으로 더나은 삶을 위해, 봉건적이고 후진적인 독일의 정치 지형으로부터 자유를찾아 대서양을 건넜다. 미국에서 기업가로 정치인으로 성공한 사람들이많았다. 하지만, 두 차례의 세계대전에서 독일과 미국이 서로 적국으로싸우면서 양국 관계는 최악을 맞았다. 두 번의 세계대전에서 독일은 미국에 패했다. 전후 독일의 거의 모든 도시는 잿더미가 되었다.

2차대전 이후 국제사회는 자유세계와 공산세계가 대립하는 냉전체제로 접어들었다. 독일은 서독과 동독으로 분단되었다. 미국은 소련의 서진을 막기 위해서는 서독을 자유진영에 확실히 편입시킬 필요가 있었고이를 위해서는 폐허가 된 서독에 대한 경제지원이 절실했다. '마샬플랜'으로 불리는 대규모의 경제지원이 이루어졌고 이를 기반으로 서독은 라인강의 기적이라는 경제적 번영을 이루었다. 그리고 마침내 1990년 통일을 이루었다. 독일 통일이 가능했던 이유는 다양하지만 미국의 확실한지지가 없었더라면 통일은 불가능했을 것이라는 것은 명확하다. 미국과의 좋은 관계를 바탕으로 독일은 21세기에 들어서 세계무대에서 경제적측면뿐만 아니라 정치적으로도 더욱더 큰 목소리를 내고 있다. 2차대전종전 이후 70여 년이 지난 시점 독일은 심지어 미국의 지위를 대체하여 자유세계 수호의 책임까지 떠맡을 정도로 성장했다.

메르켈 총리는 2016년 11월 중순 이임을 앞둔 오바마 대통령을 베를린에서 맞이하였다. 미국 대통령으로 8년간 재임한 오바마에게 있어 메르켈은 가장 친하고 신뢰가 가는 지도자 가운데 한 명이었다. 오바마 대통령은 백악관을 떠나기 전에 메르켈 총리를 꼭 만나보고 싶었다. 오바마와 메르켈은 브란덴부르크 문 바로 옆에 위치한 독일의 최고급 호텔 아들론(Adlon)에서 단둘이 만나 3시간가량 이야기를 나누었다. 오바마는 그때까지 이미 총리직을 3회 연임 중이던 메르켈에게 2017년도 총선에 다시 출마할 것인지를 물었다. 메르켈은 트럼프가 미국 대통령으로 당선된 이상 자신에게는 자유세계 수호를 위한 막중한 책임이 있어서 다시 출마할 것이라고 대답했다. 메르켈은 나흘 뒤 출마를 선언했다. 자유를 위한 수호천사의 임무는 그녀 자신이 스스로에게 부과한 것만이 아니었다. 2016년 뉴욕타임스는 메르켈을 미국 트럼프에 대항하여 민주주의와 법의 지배, 시장경제라는 서방의 기본 가치를 지킬 수 있는 최후의 수호자로 정의했다.


1945년의 자유세계는 미국이 수호했으나, 그로부터 70년이 지난 서방세계의 가치는 독일이 지키는가? 독일은 이제 전범 국가의 이미지에서 완전히 벗어났는가? 미국이 독일 통일을 전폭적으로 마음놓고 지지했던 근본적인 이유는 무엇인가? 이러한 물음에 대한 답은 독일의 과거사 청산 과정과 깊은 관련이 있다.

## 갈색 옷 입은 사람들, 흰색 옷 입은 사람들

2차대전에서 승리한 미국 주도의 연합국은 독일의 나치 과거를 지우고 독일이 앞으로 더 이상 침략전쟁을 일으키지 못하도록 여러 가지 조치를 취했다. 반나치법을 제정해 나치를 추종했던 자들을 영구 추방하고 나치를 찬양한 서적, 자료, 상징물을 수거해 소각했다. 전범자들을 국제전범 재판정에 세웠고, 모든 공공기관에서 나치 부역자를 솎아냈다. 뉘른베르크 전범재판소에 24명을 기소해 그 가운데 12명에게 사형을 선고하여 1946년 10월 16일 처형하였다.

독일 사회의 탈나치화를 위해 시기별로 여러 가지 법령이 제정되고 집행되었는데, 대표적인 것이 소위 해방법(Befreiungsgesetz)이다. 법의 효과적인 집행을 위해 미군정과 독일 당국이 협의하에 만들었다. 이 법에 따르면 모든 독일인이 나치의 폭력적 지배 가담 정도에 따라 5단계로 구분되었고, 이들을 심판하기 위한 특별재판소를 설치했다. 하지만, 나치 부역자와 선량한 시민들을 잘 구별해 내는 일은 쉽지 않았다.

특별재판소는 해방법을 너무 엄격하고 도식적으로 적용하는 바람에 공무원을 포함해서 많은 직장인들이 부당하게 해고될 위험에 직면했다.

많은 사람들이 법적용의 부당성을 청원함으로써 특별재판소는 엄청난 업무량의 과부하에 시달렸다. 경찰, 사법, 보건 등 거의 모든 분야에서 재판소 업무를 지원할 수 있는 전문인력이 부족했다. 색출 작업이 제대로 이뤄질 리가 없었다. 당초에는 전승국이 패전국가의 국민들을 상대로 부역자를 솎아내는 구도였으나, 나중에는 같은 독일 국민들끼리 이웃이 이웃을, 동료가 다른 동료를 부역자로 몰아 심판하는 구도로 바뀌었다. 이들은 사회적으로 서로가 깊게 엮여 있기 때문에 누가 부역자이고 누가 그렇지 않은지를 분별해 내는 일은 매우 어려웠다.

1949년이 되자 탈나치화 사업은 '사법적 비극', '탈나치의 코미디'로 희화되어 거의 실패한 것처럼 보였다. 미국을 비롯한 전승국들이 시행한 일련의 나치 과거사 청산 조치에 대해 대다수의 독일 시민들은 종전 직후에는 적극적으로 찬성했으나 시간이 갈수록 찬성 비율은 떨어졌고 1949년 초에는 찬성이 20%까지 추락했다.

독일 시민들은 미군이 발행하는 소위 '결백증명서'를 받는 것이 그다지 어렵지 않았다. 과거 세탁은 쉽게 이루어졌고 '갈색' 옷을 입고 다니던 사람들이 하루아침에 다시 '흰' 옷을 입고 거리를 활보했다.

국제적 환경도 지지부진한 탈나치화에 부정적 영향을 미쳤다. 1950년 6월 25일 한반도에서 전쟁이 일어났다. 북한의 전면적인 남한 침공은 동일한 분단국가인 독일로 하여금 이와 유사한 상황이 언제든지 발생할 수 있다는 안보불안을 가중시켰고, 서방 연합국은 유럽에서 공산세력의 서진을 막는 데 몰두해야 했다.

일부 역사가들은 전후 독일 사회의 과거 청산이 제대로 이루어지지 않았던 것은 이와 같은 요인 외에도 그때까지도 독일인들의 내면에 깊숙이 자리 잡고 있던 프로이센적 멘털리티 때문이라고 분석하고 있다.

윈스턴 처칠은 1943년 9월 21일 영국 하원에서 "독일의 심장은 프로이센에서 뛰고 있다. 언제나 새롭게 발현되는 병의 근원이 바로 여기에 있다"고 소리를 높였고, 역사학자 데이호(Ludwig Dehio)는 "나치는 결코 우연이 아니고, 프로이센의 만성적 결함이 급하게 발현된 증상이다. 오스트리아인 히틀러는 멘털러티로 보면 진정한 프로이센 사람이었다."라고 말했다.

프로이센은 한때 오스트리아의 합스부르크와 프랑스 나폴레옹의 고통으로부터 독일을 해방시킨 국가로서 국민들로부터 환호를 받았고, 잘 완비된 효율적인 관료제도, 보험체계, 교육, 종교적 관용 등은 프로이센의 미덕으로 칭송받았다. 하지만, 융통성 없는 프로이센적 완고함, 엄숙주의, 순종주의, 군국주의, 권위주의, 정치적 극단주의는 독일 민주주의의 정착과 사회적 다원화를 저해하고, 독일인들이 과거사를 있는 그대로 직시하는 데 장애물이 되었다.

1947년 2월 25일 연합군 대표들이 베를린에서 프로이센 해체에 관한 법에 서명함으로써 프로이센은 공식적으로 역사에서 사라졌으나, 프로이센에 대한 향수는 1990년 독일 통일 이후에도 극단주의자들의 마음속에 여전히 남아 있어 정치적 상징으로서의 프로이센은 언제든지 이들 가운데 부활할 수 있는 여지가 있다고 보아야 한다.

많은 독일인들이 그들의 부끄러운 과거에 대해 깊이 있고 진지하게 성찰하고 나치의 광포함과 유대인 대량 학살의 실상이 세계에 본격적으로 알려지기 시작한 것은 1960년대부터다.

1960년대 초반까지만 해도 독일 대학에서 나치에 대한 연구는 거의 이루어지지 않았다. 오스트리아 출신 유대인 역사학자 라울 힐베르크(Raul Hilberg)가 『유럽 유대인의 말살』이라는 책을 1961년 시카고에서 발간했는데, 이 책이 나치의 유대인 대량 학살에 대한 최초의 광범위한 연구서다. 하지만, 책은 영어로 나왔고 독일어로는 20여 년이나 지난 1982년에 발간되었다.

유대인 대량 학살의 책임자로 지목된 아돌프 아이히만(Adolf Eichmann)이 아르헨티나에서 이스라엘 정보기관에 의해 체포되고 예루살렘으로 이송되어 법의 심판을 받고 사형이 집행된 것이 1962년이었고, 한나 아렌트(Hannah Arendt)가 '악의 평범성(Banalität des Bösen)'으로 세계인을 혼란에 빠뜨린 것이 1963년의 일이었다.

1968년 독일 대학생들이 주축이 되어 전개된 68운동은 독일 사회 전반을 지배했던 권위주의를 부정하고 사회 전반에 걸쳐 대대적인 개혁을 가져왔으며, 그간 제대로 이루어지지 않았던 과거사 청산에 있어서도 중요한 이정표가 되었다. 대학생들은 거리로 뛰쳐나와 기성세대가 과거 나치 범죄에 대해 침묵하고 있는 것을 비판하고 과거에 대한 진정한 사죄와 올바른 청산을 외쳤다.

### 과거를 지배하는자 미래를 지배한다

이러한 사회적 분위기 속에 서독의 빌리 브란트 총리가 1970년 12월 7일 폴란드를 방문했다. 2차대전 개시와 함께 히틀러에 의해 최초의 희생물이 되었던 폴란드를 서독 총리로서는 전쟁이 끝난 지 25년 만에 처음으로 방문해서 양국 간 화해와 협력을 서약하고 폴란드의 국경을 인정할 것을 약속했다. 2차대전 전몰자 추모비에 헌화한 다음 유대인 게토 기념비를 방문, 헌화하고 무릎을 꿇었다. 서독의 현직 총리가 진정한 참회의 표시로 유대인 추모비에 정중하게 무릎을 꿇은 장면은 독일 과거사 문제에 있어 역사적 전환점이 되었다.

브란트 총리는 "나는 목숨을 잃은 수백만 명에 대한 부채와 독일 역사의 절벽 앞에서 언어로는 할 수 없겠지만 인간으로서 할 수 있는 바를 했다."라고 말했다. 2차대전이 끝난 지 25년이 지났으나 국제사회는 여전히 독일의 침략적 근성에 대해 회의를 품고 있는 상황에서 독일인을 대표하는 독일 총리의 '무릎 꿇음(Kniefall)'은 이제 독일이 과거사에 대해 진정으로 사과하고 있고, 새로운 독일로 거듭나고 있으며 신뢰할 만한 국제사회의 일원으로 되고 싶다는 소망을 대외적으로 확실하게 보여주는 계기가 되었다. 브란트 총리의 사전 각본에 없던 이러한 행동에 대해 독일 국내 여론은 갈라졌으나, 국제사회는 1971년 총리에게 노벨평화상을 수여하는 것으로 화답했다.

독일인들의 유대인 대량 학살에 대한 인식을 올바르게 정립시키고 그들의 과거사를 똑바로 바라볼 수 있게 만드는 데 큰 기여를 한 것은 미국 NBC에서 1978년 방영된 4부작 미니시리즈 〈홀로코스트〉였다. 그때까지만 해도 상당수의 독일의 평범한 일반 시민들은 나치의 만행에 대해 제대로 알지 못했다. 〈홀로코스트〉는 독일어 더빙 작업을 거쳐 1979년 1월 독일 공영방송 WDR을 통해 방영되었고, 약 2,000만 명의 국민들이 시청했다. 메릴 스트립(Meryl Streep)이 출연한 이 드라마를 통해 독일인들은 그들의 과거를 보고 경악했고 반성했고 다시는 이러한 끔찍한 만행이 되풀이되어서는 안 될 것이라고 다짐했다.

독일 지도층의 과거에 대한 신랄한 고백과 냉정한 비판은 아데나워 총리 이래 지금까지도 반복적으로 강조되고 있지만, 1985년 5월 8일 바이체커(Richard von Weizsäcker) 대통령의 연설문에 대표적으로 잘 드러나 있다. 그는 2차대전에서 독일이 항복한 날을 '해방의 날'로 불렀고 자신이 저지르지 않은 일에 대해 독일의 젊은 세대는 더 이상 죄의식을 가질 필요는 없다고 말했다. 하지만, 그는 '우리 모두는 죄가 있건 없건 젊든 나이가 들었든 과거를 받아들여야 한다. 우리 모두는 과거의 결과에 연관되어 있고 책임이 있다. 문제는 과거를 극복하는 것이 아니다. 그럴 수 없다. 과거는 나중에 바꿀 수 있다거나 못 본 채 지나갈 수 있는 것이 아니다. 과거에 눈을 감는 자는 현재에 눈을 감는 것이다. 잔혹한 행위를 기억하려고 하지 않는 자는 새로운 전염에 쉽게 노출될 위험이 있다'고 강조했다.

바이체커 대통령의 연설문은 200만 부 이상 인쇄될 정도로 울림이 컸다. 그의 연설에 대해 대중의 반향이 컸던 것은 비록 현실 정치에서 실권은 없었지만 국가 의전 서열 1위인 대통령이라는 무게감 때문이기도 했으나, 그의 가족사에 기인한 측면이 크다. 그의 부친 에른스트 폰 바이체커(Richard von Weizsäcker)는 나치 정권에서 외교차관을 지냈다. 부친은 프랑스의 유대인들을 아우슈비츠로 이송한 책임을 물어 뉘른베르크 전범재판소에 회부되었고 비록 조기에 사면되기는 했으나 7년 징역형을 선고 받았다.

80년대 중반 베를린 자유대학의 놀테(Ernst Nolte)교수가 촉발시킨 소위 '역사가논쟁'에서 과거사 문제에 대해 지식인들 간에 다소 이론적인 다툼이 있었으나 지금까지도 독일의 전반적인 기조는 과거를 숨김없이 드러내 이를 마주하고 극복해 나가자는 것이다.

독일 수도 베를린의 가장 중심부이자 독일의 상징과도 같은 건축물인 브란덴부르크문 바로 옆 19,000㎡의 면적에 유대인 홀로코스트 기념관이 설치되어 있다. 전 세계 어떤 나라도 수도의 가장 중앙에 자신들이 가장 부끄러워할 과거를 숨김없이 드러내는 나라는 없을 것이다. 역대 독일 총리는 이스라엘을 방문할 때마다 야드 바셈(Yad Vashem)을 가장 먼저 찾아 머리를 조아렸다. 연합국으로서는 승전일, 독일로서는 패전일인 5월 8일을 전후해서 매년 독일 TV에는 나치 과거사가 적나라하게 방영되고 있다. 초등학교를 비롯한 정규 학교는 물론 일반인들을 위한 정치교육기관에서도 나치의 반인륜적 행태를 알리고 후세의 올바른 역사관 함양을 위한 교육이 끊임없이 이루어지고 있다. 거리에서 만나는 대부분의 독일인은 그들의 과거에 대해 진솔하게 반성하고 속죄하고 있다.

독일은 입으로만 사죄하지 않았다. 철저한 물질적 보상이 뒤따랐다. 서독은 2차대전 종전 후 이스라엘과 룩셈부르크 협정을 체결해 35억 마르크를 지급했고, 연방보상법 등 다양한 입법 조치를 통해 총 480억 유로를 유대인들에게 보상했다. 유대인에 대한 보상과는 별개로 약 950만 명에 달했던 강제 동원 피해자에 대한 보상 문제는 80년대 후반까지도 본격적으로 제기되지 않았다. 녹색당은 이들에 대한 보상을 적극 주장하였고, 결국 2000년 7월 '기억 · 책임 · 미래' 재단이 설립되었다. 이에 따라, 독일 정부와 기업이 반반씩 부담하여 약 52억 유로의 기금을 모았고, 2007년까지 강제노역 피해자 166만 명을 찾아내었다. 이들은 일인당 각각 2,500~7,500유로의 범위 내에서 보상을 받았다.

독일인들의 이러한 노력으로 국제사회는 전반적으로 독일이 과거 침략국의 이미지에서 벗어나 과거사를 모범적으로 청산했다고 평가하고 있고, 이제는 국제적 역량에 걸맞게 독일이 국제무대에서 더 많은 역할을 떠맡을 것을 요구하고 있는 정도까지 되었다.

하지만, 독일이 아직 과거사의 산을 완전히 넘은 것은 아니다. 2021년 5월 28일 독일 연방정부 대변인이 발표한 독일과 나미비아 간 협상타결 소식이 특히 눈길을 끌었다. 독일은 1884~1915년 현재의 나미비아 지역을 점령하고 그 지역의 주요 부족인 헤레로족과 나마족 7~9만여 명을 살해하였는데 나치 전범에 대한 사죄와 보상은 비교적 신속하게 이루어졌으나 식민시대 범죄 행위는 100년도 지난 이제야 해결의 실마리를 찾게 되었다.

그러나, 독일과 나미비아 정부 간 합의한 내용을 자세히 들여다보면 여전히 남아 있는 쟁점이 많음을 알 수 있다. 독일은 집단살해에 대한 법적 책임을 인정하지 않았다. 정치적, 도의적, 역사적 책임만 인정했다. 보상 방식도 개별 피해자에 대한 보상이 아니라 피해자 공동체에 대한 직업교육, 개발 지원의 형식이다. 협상 과정에서도 헤레로족과 나마족 측의 참여가 완전히 보장되지 않았다는 비판도 받고 있다. 어찌하여 나치 피해자와 아프리카인 피해자에 대한 보상이 이렇게 차이가 나는지, 사죄의 시점이 왜 이렇게 늦었는지에 대해서도 의문을 제기하는 시민들이 많았다.

에르펠의 바위 아래로 시커먼 기차가 지나가고 강 너머 레마겐의 망루엔 독일의 삼색기와 미국의 성조기가 여전히 힘차게 날리고 있다. 한 발짝만 더 가까이 가면 곧바로 절벽 아래로 떨어질 것 같이 아슬아슬한 곳에 설치된 철제 난간에 기대어 서 있던 자전거를 일으켰다. 에르펠의 절벽 아래에는 과거 기차가 지나가던 터널을 개조해서 무대를 만들어 2차 대전 시 루덴도르프 철교 공방전을 소재로 〈다리〉라는 연극을 공연한다는 뉴스가 기억나서 그쪽으로 자전거를 몰았다. 그러나, 아쉽게도 터널 극장의 문은 닫혀 있고 공연 벽보도 없었다. 극장도 생각보다 작고 볼품이 없어 보여 큰 미련을 남기지 않고 강의 하류로 자전거 페달을 힘차게 밟았다.

# 17

# 라인강의 에메랄드

− 논넨베르트(Nonnenwerth)

 

지금도 여전히 많은 열차 승객들이 애용하는 롤란트에크(Rolandseck) 기차역은 여름휴가를 즐기기 위해 쾰른과 루르지역에서 오는 부유층을 위해 19세기 중반에 건축되었고 당시에는 화려한 연회장까지 갖춰져 있었다.

이곳에서 전설속의 성곽 유적지 '롤란츠보겐(Rolandsbogen)'과 강 건너편의 '일곱 봉우리(Siebengebirge)', '용바위(Drachenfels)'를 가장 아름답게 조망할 수 있기 때문에 한때 라인낭만주의자들의 성지 가운데 한 곳으로 유명세를 탔다.

영국의 빅토리아 여왕, 프로이센의 빌헬름 2세 황제와 비스마르크 재

롤란트에크 기차역

상, 시인 울란트(Ludwig Ulhland), 짐록(Karl Simrock), 하이네(Heinrich Heine), 코카슈카(Oskar Kokoschka), 그림 형제, 니체, 한스 폰 빌로우(Hans von Bülow), 바그너(Richard Wagner), 브람스, 클라라 슈만, 프란츠 리스트, 버나드쇼 등 수많은 저명인사들이 이 역을 거쳐갔다. 사람들은 쾰른에서 기차를 타고 여기서 내린 후 증기선을 타거나 마차로 갈아타고 횔더린의 말을 빌리면 '황홀한 라인계곡' 유람에 나섰다.

독일 철도청은 2차대전 후 기차역이 연회장으로서 더 이상 기능을 할 수 없고 이용하는 승객 수에 비해 역사 규모가 지나치게 크다는 이유로 역사를 헐어버리고 대신 조그만 건물을 짓기로 결정했다. 이 소식을 들은 화랑 경영자 바스무트(J.Wasmuth)는 1964년 철도청을 찾아가 예술적 가치와 전통을 간직하고 있는 역을 없애지 말고 대신 미술가들을 위한 아틀리에와 갤러리로 개축하겠다고 제안했다. 기차역은 가까스로 철거를 면해 아르프(Hans Arp), 코카슈카(Oskar Kokoschka), 위커(Günther Uecker) 등 신예작가들의 작품을 전시하는 공간으로 변했다. 2007년 다다이스트이자 초현실주의 조각가 아르프를 위한 박물관(Arp Museum)으로 다시 태어났다.

롤란트에크 기차역 레스토랑 테라스에 앉아 커피 한 잔을 주문하고 강과 섬, 강 너머 완만한 구릉지가 만들어낸 멋진 그림을 감상했다. 1차 세계대전에서 입은 부상으로 38세의 짧은 생을 마감한 초현실주의자의 선구자 프랑스 시인 아폴리네르(Guillaume Apollinaire)는 이곳에서 바라보는 풍경을 시로 옮겼다.

나는 롤란트에크의 초록 강변에 앉아 있다.
수녀섬(Nonnenwerth)의 수녀들이 소녀들의 무리에서
걷고 있는 것 같았다.
일곱 봉우리는 햇빛을 받아 노곤하게 졸고 있고
공주들은 짐승처럼 지키고 있다.

나는 그렇게 꿈꾸듯이 무거운 거룻배를 기다렸다.


이쪽으로 사람들이 건너왔다.
하노버 여인 세 명이 장미 이파리를
라인 강물에 무심코 띄워 보냈다.
마치 그녀의 아름다운 몸속의 동맥과도 같았다.


전등 깜박이는 강둑 위로
자동차는 기품 없이 두려움에 쫓겨 줄행랑쳤고,
증기선은 점잖고 침착하게 강 아래쪽으로 헤엄쳐 갔다


　강변은 여름 아이들로 하얗게 덮였고, 대열에서 이탈한 몇 그루의 수
양버들이 양고기 굽는 매캐한 연기에 포위되어 힘겨운 전투를 벌이고 있
다. 동남풍이 불어 자전거는 쉽게 앞으로 나간다. 거룻배를 타는 지점
에 도착했다. 강의 건너편에서 기다리고 있는 배는 내가 이쪽에 서 있는
것을 보았을 것 같은데 전혀 움직일 기미를 보이지 않았다. 너무 늦었는
가? 참, 그 섬에 가는 것이 쉽지 않네. 그 섬으로 가려고 벌써 몇 번을 시
도했던가. 오늘도 발길을 돌려야 하는가. 까만 양복 정장의 노인이 비탈
길을 내려오고 있다. 노인이 다가오는 속도와 시간에 거의 맞추어 반대
편에 정박해 있던 조그만 거룻배가 이쪽으로 건너왔다. 노인의 뒤를 따

수녀섬

라 배에 올랐다. 구레나룻이 아름다운 선장이 높다란 조타실에서 중저음
으로 외쳤다.


"이 배는 섬하고 여기만 오가는 배입니다. 강을 완전히 건너가려면 이
배를 타지 말기 바랍니다." "아, 네. 음악회에 가려고 합니다." "티켓은 샀
습니까?" "안 샀는데…거기 창구에서 바로 사도 된다고 하길래…." 선장
은 한참을 물끄러미 보더니 타라고 손짓했다.

배안의 승객은 나와 검은 정장의 노인뿐. 섬까지의 거리는 불과 50여
m, 2~3분도 지나지 않아서 배가 섬에 닿았다. 강의 오른쪽 산등성이로
용바위가 덩그렇게 서있고, 강 왼쪽 언덕에는 롤란트보겐(Rolandsbogen)

수녀섬 맞은편에서 바라본 용바위

이 뾰족하게 돋아있다. 이 섬의 이름은 '수녀섬(Nonnenwerth)'이다. 길이 2km, 폭 약 200m 정도밖에 되지 않는 길죽하고 작은 섬이다. 섬은 '라인 강의 진주'라고 불렸고, 18세~19세기의 많은 시인과 화가들이 찾는 곳이었다. 요한나 쇼펜하우어(Johanna Schopenhauer)는 1828년 섬을 둘러보고 "늙은 호두나무가 즐비하고, 모양이 마치 은으로 두른 에메랄드 같은 섬이다."라고 썼다.

## 라인강의 진주, 리스트의 섬

섬의 역사는 길지만 줄여서 보면 대개 이렇다. 1122년 쾰른 대주교가 베네딕트 수도원을 섬에 세운다. 수도원은 이후 700년 이상 유지되어 오다가 나폴레옹 시대를 거쳐 1821년 프로이센이 섬 전체를 몰수하고 수도원을 경매에 넘긴다. 수도원은 여관으로 기능이 변경된다. 그러다가 1854년 프란체스코 수도원이 들어서 지금까지 유지되고 있다. 지금은 수도원 외에 가톨릭 계통의 사립 인문계 고등학교가 운영되고 있다.

수도원

섬은 지금까지도 이런저런 많은 사연을 간직하고 있지만 리스트(Franz Liszt)에 대한 이야기가 가장 많이 알려져 있다. 리스트와 그의 연인 마리 다구(Marie d'Agoult) 백작부인이 이 섬에 도착한 것은 1841년 8월이었다. 당시 리스트와 다구 부인의 연애담은 유럽 사교계의 큰 관심사였고, 그들의 조그만 움직임도 사람들의 시선을 끌기에 충분했다.

현란한 솜씨로 피아노의 파가니니, 피아노의 신으로 불리고 있던 리스트는 정신없이 바쁜 연주회의 일상 속에서 편히 쉴 수 있는 곳을 찾고 있었다. 그간 다구 백작부인과의 관계가 원활하지 못해 뭔가 새로운 계기가 필요했다. 그런 점에서 이 섬이 적격이라고 생각했다. 백작부인은 리스트의 초청에 처음에는 망설였다. 리스트는 "당신이 만일 이 섬으로 온다면 나의 별은 새롭게 빛날 것"이라고 집요하게 설득해 백작부인은 그의 노력에 응하지 않을 수가 없었다.

섬의 아름다운 풍광과 묘한 분위기에 깊은 인상을 받은 백작부인은 지인에게 편지를 썼다 "나는 지금 조그만 섬에 있습니다. 풀밭이 1km나 펼쳐져 있지요. 듬성듬성 난 덤불 뒤쪽으로 한때 수도원이었으나 지금은 여관으로 변한 건물 한 채가 멀리 보입니다. 강 너머로는 '일곱 봉우리'가 보이고 무너진 '용바위' 유적도 있구요. 강을 오가는 배가 하루 평균 열서너 척 되는데, 이 섬에는 정박하지 않습니다. '수녀섬'에 사는 사람들은 외부 세계와 완전히 단절되어 있습니다."

리스트는 섬이 너무나 마음에 들어 섬 전체를 사려고도 했지만, 결국 성사되지는 않았다. 그는 1841년 여름에 이어 1842년과 1843년, 연속해서 3년간 섬을 찾았다.

그는 이곳에서 프로이센의 리히노브스키( Fuerst von Lichnowsky) 백작이 다구 백작부인에게 바친 시에 곡을 붙인 비가(悲歌) 〈수녀섬의 작은방(Die Zelle in Nonnenwerth)〉을 작곡했다.


아, 이제 수도원의 작은 방이

외롭게 물결에서 솟아난다

나는 고통으로

이 방이 낯설게 보인다

성도 포도밭도 아니다

이 방을 아름답게 만들었던 것은

멋진 위치도, 롤란트와 그 전설도

내가 여기서 보는

섬의 모양도 아니다

서늘한 가을바람과

얼음같이 차가운 나무껍질이

벌써 저만치 문을 두드리고 있기 때문이다

그녀는 도망쳐야 했다

라인강이 사랑의 열병으로 감싸 안았던

이 방에 마법을 걸었던 그녀

나 홀로 이 고통을 견뎌야 한다면

나 혼자 이방과 함께 슬퍼해야 한다면

내게 희망이 올 것이고

내 노래는 침묵해야만 할 것이다

나의 마지막 이 노래가 너에게 외친다

돌아와, 돌아와!


하지만, 그녀는 돌아오지 않았다. 리스트와 다구 백작부인은 이 섬을 떠난 뒤 바로 헤어졌다. 백작부인은 1876년에 죽었다. 그녀의 사망 소식을 접하고, 리스트는 그의 사위에게 이렇게 쓴다. "내가 백작부인에 대해 여전히 간직하고 있는 기억은 고통스러운 비밀뿐이다."


당시 리스트는 지금의 아이돌 같은 인기를 끌었다. 그가 이 섬에 묵고 있다는 소식은 삽시간에 지역주민들에게 퍼졌다. 거의 매일 본, 쾰른, 코블렌츠 등 인근 지역에서 많은 사람들이 리스트를 보려고 몰려들었다. 작은 섬이라 증기선이 서는 곳도 아니었기 때문에 이들은 배의 갑판에 몰려 소리치며 리스트에 열광했다.


쾰른 대성당 보수를 위한 자선음악회가 1841년 8월 21일에 열렸다. 이 음악회에 그를 데려가기 위해 하루 전날 쾰른 필하모니 단원 340명이 증기선을 타고 와 수도원 예배당에서 그를 맞이했다. 바로 강 건너 롤란트에크에서는 성대한 식사가 준비되었다. 리스트가 "독일 이외의 어떤 나라에서도 이렇게 멋진 남성합창단이 없습니다. 특히 라인의 남성합창단이 최고입니다!"라는 건배사를 외쳤을 때 이들의 감격은 절정에 도달했다. 그는 연주회에서 거둬들인 기부금을 쾰른 대성당 증축 비용에 상당 부분 기부했다. 리스트가 쾰른에서 음악회를 마치고 다시 섬으로 돌아오자 다시 많은 배들이 섬 어귀에서 그를 기다리고 있었다.

이곳의 여관 주인이었던 코르디어(Cordier) 여사는 일기에 이렇게 쓰고 있다 "남성합창단 이외에도 많은 손님들이 찾아오곤 했다. 오전, 오후 할 것 없이 사람을 가득 채운 많은 배가 몰려왔다. 섬 전체가 사람들로 넘쳐났다. 정원은 각양각색의 화려한 옷들로 뒤덮여 화단이 되었다. 오후가 되자 다시 환호와 소동. 삼각 깃발을 날리며 다가오는 셀 수 없이 많은 거룻배들! 사람들은 대연회장에서 춤도 추고 노래도 불렀다. 그야말로 열광의 도가니! 처녀들은 리스트의 방을 꽃과 나뭇잎으로 치장하고 만세를 불렀다. 그는 정말 멋지게 연주했다."


리스트는 1841년 10월 22일 30회 생일을 맞이했다. 그는 조용히 생일을 보내려고 했으나, 그의 숭배자들은 그를 그대로 놔두지 않았다. 그를 연회장으로 데려와, 월계수와 장미로 치장한 의자에 앉히고, 폭죽을 터트리며 굴, 멧돼지 고기, 대형 케이크를 선물했다. 리스트는 피아노 연주로 보답했다.

작은 섬이라 한 바퀴를 다 둘러보는 데 그리 어렵지 않았다. 리스트가 이 섬에 머무른 것을 기념하기 위해 심었다는 플라타너스나무 밑에 한참을 서 있다 수도원으로 발길을 옮겼다. 후기 바로크 양식으로 건축된 수녀원 예배당에는 스무 명 남짓한 중년의 청중들이 나지막하게 얘기하며 음악회가 시작되기를 기다렸다. 이들도 이곳이 처음인 것처럼 주위를 계속 두리번거렸다. 예배당 창문을 비집고 들어온 늦은 오후의 햇살이 피아노 건반을 강렬하게 때렸다. 슈베르트의 가곡 〈하늘의 불꽃(Himmelsfunken)〉이 오늘 음악회의 주제곡이었다. 쾰른 음대를 졸업한 카운터테너와 칼스루에에서 공부한 피아니스트가 짝을 이루어 슈만, 젤터(Carl Friedrich Zelter), 달베르크(J.F. Hugo von Dalberg) 등 낭만주의 음악가들의 가곡을 연주했다. 잔잔한 선율이 수녀원 예배당 담장을 넘어 강으로 흘러갔다.

# 18
# 하얀 물살
– 뢴도르프(Rhöndorf)

라인강에는 다리가 많지 않다. 아마도 환경을 보존하고 강의 경관을 자연 그대로 유지하기 위해 인공적인 다리를 최대한 자제하기 위한 것 같다. 우리나라 한강 같으면 수십 개의 다리가 있었을 텐데 라인강에는 다리가 거의 없다. 다리를 더 놓아야 한다는 독일 시민들의 불평도 들어본 기억이 없다. 다리가 반드시 있어야 된다고 생각하는 지점, 예컨대 도시가 강을 사이에 두고 양쪽으로 갈라져 있거나 교통량이 많아 다리가 아니고서는 도저히 감당하기 어려운 그런 곳에만 다리가 있다.

다리의 역할을 작은 교통선(交通船)이 대신하고 있다. 강의 이쪽과 저쪽을 바삐 다니며 차와 자전거와 사람을 부지런히 실어 나른다. 커다란 고

동소리와 함께 강기슭에 내려졌던 배의 철판이 들어 올려지기 바로 직전, 가까스로 배에 올라탄다. 굳이 서두를 것도 없었다는 생각도 들었지만 마지막으로 올라타니 왠지 뿌듯하다. 자전거는 하루 종일 밭일에 지친 황소마냥 갑판 위에 철퍼덕 드러눕는다. 구름이 간간이 지나가는 산봉우리엔 '용바위(Drachenfels)'가 촛대같이 솟아있고, 강 윗쪽으로는 수녀섬이 길쭉하게 늘어섰다. 강바람이 제법 차다.

배는 강변의 작은 마을 뢴도르프(Rhöndorf)에 사람과 차를 풀어놓는다. 자전거는 검은 골조에 하얀 벽면이 불규칙하게 얽혀 있는 오래된 목조가옥과 첨탑이 아스라한 교회 골목길을 지나 실개천을 건너 언덕 위 초록의 숲을 향해 전진한다. 굳이 저속 기어를 사용할 필요가 없는 완만한 언덕이다. 뭉쳐진 허벅지와 종아리 근육을 풀기에는 제격이다.

언덕의 중턱에 뢴도르프의 삼림묘지가 나타났다. 묘역 경계선을 따라 맑은 개울물이 흐르고 주위는 소나무, 전나무, 화려한 꽃들로 가득하다. 묘지라기보다는 잘 가꾸어진 수목원이다. 무덤에 누워서도 이렇게 아름다운 자연과 함께한다면 지금 세상과 작별해도 그리 아쉽지 않을 듯하다.

자물쇠가 없어 잠시 망설이다 자전거를 그냥 묘지 관리사무소 담벼락에 기대 놓고 걷기 시작했다. '아데나워길(Adenauer Weg)'이라고 쓰여져

아데나워 생가

있는 길이 나타난다. 저마다 특색 있게 장식된 비석들을 지나고 조그만 분수 옆을 지나 몇 차례 구비를 돌자 그의 묘지가 나타났다. 서독의 초대 총리 아데나워(Konrad Adenauer)는 라인강이 굽어보이는 이곳에서 영면하고 있다.

앙겔라 메르켈 총리는 2017년 아데나워 총리 서거 50주년이 되는 기념식 연설에서 "우리가 오늘 이곳 동베를린 지역에서 이렇게 만나고 있다는 것, 동독 땅에서 오랜 세월을 보낸 나 같은 사람이 여러분 앞에 서 있다 사실, 이 모든 것은 콘라트 아데나워의 결단 덕분입니다."라고 말했다.

독일 사람들에게 '지금까지 독일을 위해 가장 많은 업적을 낸 사람은 누구인가?'라고 물으면 가장 많은 표를 얻는 사람은 누구일까? 조사기관이나 조사 시기 등에 따라 다소 편차가 있기는 하지만 아데나워는 언제나 가장 많은 표를 받는 사람에 속했다.

그는 서독이 2차대전의 폐허를 딛고 일어나도록 국가의 초석을 깔았다. 브란트의 동방정책도, 라인강의 경제적 기적도, 콜의 독일 통일도 아데나워가 다져 놓은 기반이 없었다면 모두 불가능한 일이었을 것이다. 그래서 그를 '현대 독일의 아버지'라고 부른다.

### 아버지와 아들의 작별

1967년 4월 19일 뢴도르프의 자택에서 숨을 거둔 아데나워의 장례식은 4일간 치러졌다. 지금은 UN 건물로 사용되고 있는 본(Bonn)의 연방하원 본회의장에서 4월 25일 오전 공식 장례행사가 거행되었다. 뤼프케(Lübke) 독일 대통령, 존슨(Johnson) 미국 대통령, 드골(de Gaulle) 프랑스 대통령, 윌슨(Wilson) 영국 총리, 벤구리온(Ben Gurion) 이스라엘 총리 등 세계의 명망가들이 장례식에 참석했다. 후일 통일 독일의 총리가 되는 헬무트 콜은 당시 37세로 라인란트팔츠주 기민당 대표 자격으로 그 자리에 있었다. 냉전의 한가운데에 있던 시기여서 동구권에서는 주독일 소련 대사가 그 나라를 대표해 참석했다. 약 100개국에서 조문사절을 파견했고 장례식은 미국, 일본 등에 생중계되어 4억 명의 세계인이 시청했다.

연방하원에서 행사를 마친 후 아데나워의 시신은 쾰른 대성당으로 옮겨졌다. 장엄한 장례미사가 끝나고 여덟 명의 독일군 의장병은 흑-적-황색의 커다란 독일 삼색기에 둘러싸인 아데나워의 관을 어깨 위에 올려 놓고 성당 계단을 내려갔다. 쾰른의 모든 교회와 성당의 종들이 일제히 울려 퍼졌고 구름떼처럼 모여든 사람들이 운구행렬의 뒤를 따라 라인강 가로 천천히 움직였다.

오후 4시 정각 영국, 프랑스, 네덜란드 배까지 포함하여 18척의 배가 호위하는 가운데 아데나워의 관을 실은 독일해병대의 백색 쾌속선 콘도르(Kondor)가 쾰른 부두를 출발해서 라인강을 거슬러 올라갔다. 12대의 전투기가 1,000m 상공에서 '신의 가호'를 기원하며 날았고, 그의 나이대로 91발의 예포가 발사되었다. 서독연방공화국이 수립된 이래 가장 스펙터클한 장면이 연출되었다.

아데나워는 생전에 그와 오래 함께 근무했던 글롭케(Hans Globke) 차관에게 본인의 장례식을 부탁했었다. 어떠한 장례식을 치르는 것이 격조 있고 위엄 있게 국부 아데나워를 예우할 것인가를 고민하던 글롭케 차관은 2년 전 서거한 윈스턴 처칠의 장례식에서 아이디어를 얻었다. 처칠의 시신은 Westminster사원에서 입관된 뒤 St. Paul 성당에서 장례미사를 치른 후 배에 실려 템즈강을 따라 가족묘지가 있는 Bladon으로 옮겨졌다. 글롭케 차관은 '독일 역사의 초상, 조국의 정직한 형상'인 라인강에서 아데나워를 마지막으로 배웅하는 것이 옳다는 결론을 내렸다.

아데나워의 관을 운구하는 배는 저녁 무렵 뢴도르프의 그라펜베르트(Grafenwerth) 섬에 도착했다. 운구는 언덕길을 따라 여기 삼림묘지로 옮겨졌다. 길가에서 많은 사람들이 그의 마지막 가는 길을 함께했다. 저녁 9시 관이 땅속으로 내려갔다. 가톨릭 신학자이자 아데나워의 둘째 아들인 폴 아데나워(Paul Adenauer)는 아버지를 위해 마지막 기도를 했다. 예포 세 발이 계곡에 울려 퍼졌다.

지상에서의 마지막 순간을 독일의 상징, 아버지 라인강의 품에 안긴다는 것, 독일을 이끌었던 정치인에게는 커다란 의미가 있었는가 보다. 콜 총리의 장례식도 라인강에서 그 일부분이 거행되었다.

독일 통일의 총리 헬무트 콜이 사망하자 2017년 7월 1일 역사상 처음으로 소위 "유럽葬"이 스트라스부르그에서 엄숙하게 거행되었다. 빌 클린턴 미국 대통령, 메르켈 총리, 융커 EU집행위원장 등 많은 조문객들이 참석했고, 우리나라도 조문사절을 파견했다.

성대한 유럽장을 마친 콜의 시신은 스트라스부르크에서 장지인 슈파이어로 곧장 가지 않고, 헬기에 실려 그의 고향인 라인 강변의 루드비히스 하펜(Ludwigshafen)으로 운구되었고, 그곳에서 다시 배로 옮겨졌다. 이미 스트라스부르크에서 성대한 장례식을 치른지라 라인강에서의 의식은 아데나워의 경우와는 달리 소박하고 간소했다. 콜의 시신은 조그만 배에 실려 강물을 거슬러 올라갔다.

# 19
# 참나무

– 지벤게비르게(Siebengebirge)

완만한 경사의 산림도로를 자근자근 밟고 올라가는 재미가 쏠쏠하다. 이 정도의 경사도라면 굳이 이바이크도 산악자전거도 모두 필요 없을 것 같다. 보통의 시티바이크, 트레킹바이크로도 힘들이지 않고 무난히 언덕을 오를 수 있을 것 같다. 근처에서 가장 높은 '감람산(Oelberg)'을 정복하고, '사자성(Löwenburg)'으로 달린다. 본(Bonn)의 건너편 구릉지역, 일곱 개의 높지 않은 산들이 옹기종기 모인 지역을 '일곱 봉우리(Sieben-gebirge)'라고 부른다. 오래전부터 자연보호구역으로 지정되어 쾰른이나 인근 대도시 시민들이 휴식처로 자주 찾아오는 곳이다.

'사자성'은 과거에는 어떠했는지 모르겠으나 지금은 이름과 어울리지

바하라흐 슈텔렉성

않게 무척 초라하다. 벽돌 몇 장만 남아 있다고 해도 별로 틀린 말이 아
닐 듯 볼품없는 폐허다. 차가운 돌담장 위에 앉아 숲 저편으로 반짝이는
라인강을 바라보다 따가운 햇살을 피해 참나무 그늘 아래로 자리를 옮겼
다. 서늘한 바람이 무성한 참나무 이파리를 흔든다. 노곤해진 몸은 단꿈
에 빠져든다.

참나무는 독일을 상징하는 나무다.

참나무는 재질이 단단하고 잎이 늦게 떨어져 게르만 부족시대부터 사
랑을 받아왔다. 때로는 모든 역경을 이겨낸 독일 민족 그 자체로 형상화
되기도 했다. 로마시대 역사가 타키투스는 그의 책『게르마니아』에서 게
르만족들이 살고 있는 지역을 '참나무가 해안까지 뻗어 있는 나라, 울창
한 나무 때문에 햇빛조차 파고들 수 없는 차가운 땅'이라고 표현했다. 토
이토부르크 숲속에서 로마군단으로부터 게르만족을 구원했던 숲도 참나
무 숲이었다. 부족시대부터 게르만의 나무 숭배 전통은 매우 강했다. 웬
만한 나무에는 모두 신이 있었다. 그 가운데 참나무는 가장 강력한 신으
로 알려진 천둥의 신 도나르(Donar)에게 헌정되었다.

참나무 이파리는 재능 있는 젊은이, 자유인이 된 농노의 표징이었고,
참나무 엽환(葉環)(Eichenkranz)은 로마의 압제에 저항하는 자유의 상징이

었으며, 전투의 승자에게 주어졌다. 싸움에서 패한 자도 참나무 그늘 아래에서 영면했다.

중세시대 기독교가 점차 전파되면서 나무숭배사상은 일종의 우상숭배로 간주되었고 기독교 교리와 양립할 수 없게 되었다. 나무숭배로 선교 활동에 큰 지장을 받고 있다는 것을 알게 되자 교황 그레고리 2세는 723년 가을 독일인의 사도(Apostel der Deutschen)로 일컬어지는 보니파티우스(Bonifatius)로 하여금 지금의 헤센주 가이스마르(Geismar)에 있던 당시 대표적인 참나무로 알려진 도너참나무(Donar-Eiche)를 베어버리라고 명한다. 사람들은 그가 참나무를 베어버리면 틀림없이 천둥의 신으로부터 큰 벌이 내릴 것이라고 두려워했다. 하지만, 참나무가 쓰러져도 아무런 해가 없자 사람들은 안도했다. 보니파티우스는 넘어진 참나무 목재로 그곳에 교회를 세웠다.

독일의 나무로서 참나무의 지위가 확고해진 것은 18세기 초 시인 클롭스톡(Klopstock)에 의해서였다. 그는 송시(訟詩) 「언덕과 숲」에서 참나무는 조국 독일의 통일을 의미하는 나무라고 규정했다. 그는 참나무숲은 시인이 영감을 받는 곳, 자유의 원천이라고 소리 높였다.

19세기 프랑스혁명의 여파가 독일로 밀려올 때 참나무는 독일 민족주의의 중심에 서 있었다. 정치가, 사상가, 시인, 음악가, 화가 등 많은 사람들이 참나무 아래 모였다. 과거 로마군단이 토이토부르크 숲에서 괴멸되었듯이 외세 프랑스도 참나무 숲 아래에서 패배할 것으로 굳게 믿었다.

프로이센의 왕 빌헬름(Friedrich Wilhelm) 3세는 1813년 이미 죽어서 땅에 묻혀 있는 왕비 루이제(Luise)에게 그녀의 생일을 맞아 참나무 이파리가 새겨진 철십자 훈장을 수여했다. 파리에서 되찾은 베를린 브란덴부르크문 위에 있는 4두 마차(Quadriga)의 빅토리아 여신은 월계관 대신 참나무 엽환을 손에 쥐고 있고, 1871년 통일된 독일제국의 영빈관 이름은 '참나무로(Zur Eiche)'였다.

참나무 예찬은 나치시대에 절정에 달했다. 생물학자이자 나치시대 이론가였던 발터쉐니첸(Walther Schoenichen)은 '거칠고 수려한 참나무에서 게르만 전사들의 영웅적 정신이 새롭게 단련되고 단단해진다. 세계의 운명을 선도하는 지도자의 인종은 바로 여기에서 성장한다'고 말했다.

히틀러는 참나무를 유난히 좋아했다. 많은 참나무가 '히틀러 참나무'라는 이름으로 심어졌다. 올림픽 경기 우승자에게는 월계관 대신 참나무 엽환을 머리에 씌우고 금메달을 주었고, 부상으로 1년생 참나무 묘목이 심어진 갈색 화분을 주었다. 1936 베를린 올림픽 마라톤 우승자 손기정 선수도 이 갈색 화분을 받았고, 화분 속 참나무는 옮겨 심어져 지금도 양

정고등학교 옛 교정에서 잘 자라고 있다.


독일, 프랑스, 네덜란드 등 유로존 국가들은 유로화를 사용한다. 유로
화 동전의 액면 금액이 적혀 있는 면의 디자인은 모든 국가에서 동일하
지만, 반대면은 각각의 국가에서 원하는 독자적인 디자인을 넣는다. 독
일은 그 디자인으로 참나무를 택했다. 독일 연방군 계급장도 참나무 이
파리로 구별한다. 이처럼 독일인들의 참나무 사랑은 유별나다.

독일의 숲에는 약 900억 그루의 나무가 자라고 있는데, 각각의 나무의
비율은 가문비나무(Fichte) 26%, 소나무(Kiefer) 23%, 너도밤나무(Buche)
16%, 참나무(Eiche) 9%, 자작나무(Birke) 4% 순이다.

독일의 나무는 참나무이지만 전체 나무의 약 9%에 불과하다. 침엽수
인 가문비나무가 전체 숲의 4분의 1을 차지하고 있다. 침엽수가 본래부
터 많았던 것은 아니다. 과거에는 너도밤나무가 주종을 이루었다. 중세
시대 주로 주택과 선박건조, 그리고 땔감용으로 벌목되어 너도밤나무가
지배했던 독일의 원시림이 종언을 고했다.


### 지속가능한 숲을 위하여

19세기 중엽부터 듬성듬성해진 숲에 대규모 조림이 시작되었다. 주로
침엽수인 가문비나무와 소나무를 심었다. 이들은 비교적 척박한 땅에도
잘 적응했고 나뭇잎 끝이 바늘같이 뾰족하고 맛도 별로 좋지 않아 노루

나 멧돼지 등 짐승들로 인한 피해를 면했다.

프로이센은 특히 가문비나무를 좋아했다. 그래서 가문비나무는 종종 프로이센의 나무, 프로이센의 수호자로 간주되기도 했다. 프로이센은 합병한 지역에도 가문비나무를 조직적으로 심게 했다. 체계적으로 조림된 가문비나무는 프로이센의 규율과 질서의 상징이었다. 가문비나무는 국가 프로이센 그 자체와 동일시되어 프로이센에 의해 합병된 일부 지역에서는 반(反)가문비나무 조림투쟁이 벌어지기도 했다. 예컨대, 프로이센이 라인강 코블렌츠 지역에서 가문비나무를 강제로 심게 하자, 지역의 농민들이 들고일어나 결국 군대를 투입하여 진압하기까지 했다. 프로이센에 대해 반감을 가진 독일의 다른 지역 사람들은 가문비나무로 만든 크리스마스트리조차 거부했다.

19세기의 대대적인 조림의 결과 오늘날 독일의 숲은 침엽수가 절반가량을 차지하고 있다. 생태학적으로 보면 이상적인 숲은 침엽수와 활엽수가 골고루 섞여 있는 혼효림이다. 한 가지 수종으로만 이루어진 단순림은 산림 재해에 취약하다. 독일 숲은 전체적으로 보면 침엽수와 활엽수의 비율이 적당한데, 지역별로 나눠보면 단순림, 특히 가문비나무 숲이 많아서 문제가 되고 있다.

침엽수림은 보기에는 좋으나 활엽수림에 비해 산불이나 병충해에 약하다.

지금 독일의 임업계는 단순림 위주로 되어있는 독일의 숲을 어떻게 하면 훨씬 더 자연친화적이고 지속가능한 숲으로 만들 수 있을지에 대한 논의가 한창이다. 가문비나무 위주의 침엽수림의 비중을 줄이고 너도밤나무 등 활엽수의 비중을 높일 것, 단일 수종의 단순림을 벗어나 침엽수와 활엽수가 골고루 섞여 있는 혼효림으로 바꾸어나가자는 캠페인이 벌어지고 있다. '독일의 숲' 하면 쉽게 연상되는 상록의 가문비나무는 지금까지 독일의 '빵의 나무'로서 많은 역할을 했고, 프로이센의 상징이 되기도 했지만, 21세기 기후변화의 시대를 맞아 천덕꾸러기가 되어버렸다.

2019년 11월 어느 날 오전 프랑크푸르트시 녹지청에서 개최된 '숲 회의'에 참석한 적이 있었다. 시에서 개최하는 공개회의의 경우 대개 요청을 하면 자리를 마련해 주는 것이 관례인데, 이번에는 달랐다. 참석자 명단에 이름을 올리기가 무척 힘들었다. 결국, 우리가 그해 프랑크푸르트시에 238그루의 묘목을 기증한 '공로'를 인정받아 티켓 한 장을 구할 수 있었다. 회의는 최근 고온과 가뭄으로 죽어가는 독일 숲의 상황에 직면하여 프랑크푸르트시가 독일 전국의 지방자치단체의 숲 관련 종사자, 연구자, 공무원들을 초청하여 대응방안을 모색하는 자리였다. 독일에 근무하면서 크고 작은 각종 회의, 행사에 많이 참석해 보았지만 이날 회의만큼 진지하고 열기가 뜨거웠던 회의를 본 적이 없었다.

회의장에는 단 한자리도 빈 곳이 없었고 대략 보아도 300명은 넘어 보이는 참석자들은 매의 눈으로 발표자를 응시했으며 그들이 입에서 나오는 단 한마디도 놓치지 않으려고 열심히 글자로 옮겼다. 회의 중간 휴식시간에 검은 빵 한 조각과 감자수프 한 국자를 홀쩍거리며 먹고 있다가 하이델베르크 인근에 위치한 지방산림청에서 근무하고 있다고 자신을 소개한 젊은 청년과 얘기를 나눌 기회가 있었다.

그는 산림전문가들이 모이는 회의에 그것도 동양인으로서는 유일한 내가 어찌하여 이곳에 있는지가 궁금하다고 했다. 나는 숲은 곧 환경이고 21세기에 환경과 기후변화는 국경을 초월하여 모든 사람이 관심을 가지고 대처해나가야 하는 매우 중요한 이슈라고 두리뭉실하게 답하고, 언론보도나 오늘 발표자들의 설명과 같이 정말로 최근에 독일 숲이 그렇게 피해를 보고 있는지 현장에서 실제로 체험한 바는 어떤지를 물었다.

그는 가뭄과 고온이 심했던 2018년 한 해 산불로 축구장 3,300개에 해당하는 면적이 피해를 입었고, 18만 헥타르가 병충해 피해를 보았는데, 이는 독일 전체 산림 면적의 약 1%에 해당한다고 했다. 오늘 회의에서 많은 사람들이 강조했듯이 지속 가능한 숲을 유지하려면 병충해나 가뭄에 약한 가문비나무를 베어버리고 너도밤나무, 미송, 단풍나무와 같은 활엽수를 많이 심어야 한다, 그렇게 하려면 앞으로 수십 년은 더 걸려야 하는데 그동안 2018년도와 같은 재난이 몇 번은 더 있을 것 같다고 걱정했다.

## 20
# 불꽃놀이
- 본(Bonn)

베토벤은 본(Bonn)에서 태어났다. 20여 년을 이곳에서 살았고 나머지 30여 년은 오스트리아 빈(Wien)에서 살다가 죽었다. 라인강가에서 세상을 맞이했고 도나우강가에서 세상을 등졌다. 본에는 베토벤이 태어난 생가가 있고 동상이 있고 곳곳에 베토벤을 추억하는 볼거리가 있다. 고향본을 떠난 후 다시 돌아가지 못한 베토벤은 본을 무척이나 그리워했던 모양이다. 그는 이렇게 쓰고 있다.

"내가 세상의 빛을 보았던 아름다운 곳, 나의 조국은 내가 너희들을 떠났을 때도 여전히 내 눈앞에서 그렇게 또렷이 아름다웠다. 나는 곧, 이시절을 내 인생에서 가장 행복했던 시기 중 하나로 생각하게 될 것이고,

거기에서 너희들을 다시 만나고 또 아버지 라인에게 인사할 수 있을 것이다."

2020년은 베토벤이 탄생한 지 250년이 되는 해였다. 독일 연방정부와 주정부, 본市는 거대한 위원회까지 만들어가며 베토벤 탄생 250주년 행사를 몇 년 동안 대대적으로 준비했다. 준비의 실무 책임은 베토벤 생가가 있는 본의 베토벤하우스 관장이 맡았다. 나는 그와 우리나라의 베토벤 250주년 행사 참여 문제를 놓고 자주 의견을 교환했다. 하지만, 독일이 야심차게 준비했던 2020년 행사는 누구도 예상치 못한 코로나 팬데믹으로 대부분의 행사가 취소되어 고전음악을 사랑하는 이들을 안타깝게 했다.

본은 1949년부터 1999년까지 50년 동안 서독의 수도였다. 전후 서독의 수도를 어디로 할지를 놓고 본과 프랑크푸르트가 각축을 벌였다. 도시의 규모나 위상, 역사적 맥락을 감안해보더라도 프랑크푸르트가 단연 앞섰다. 특히 프랑크푸르트는 독일 최초의 의회가 열린 곳이기도 했다. 프랑크푸르트 시장은 프랑크푸르트가 당연히 서독의 수도로 될 것으로 확신하고 공식적인 결정이 내려지기도 전에 이미 새로운 의회건물 신축을 지시했다. 그러나 기민당(CDU)의 강력한 지지를 얻은 본이 네 표 차이로 승리해서 수도가 되었다.

베를린 장벽이 무너지고 독일이 통일되자 수도는 베를린으로 정해졌고, 장벽붕괴 10년 뒤인 1999년 독일연방정부는 베를린으로 이전했다. 당시 연방정부와 본은 협약을 맺어 전체 연방정부 부처 가운데 몇 개는 본에 잔류하고, 연방공무원도 일부 본에 남기로 했으나 약속은 잘 지켜지지 않았다. 시간이 지날수록 베를린 쏠림현상은 가속화되었다.

약속을 지키지 않은 연방정부에 화가 났지만 본은 새롭게 태어나기로 결심했다. 도이취텔레콤, 디에이치엘(DHL) 등 대형 기업체들을 유치했고, 유엔기후변화협약(UNFCCC), 사막화방지협약(UNCCD), 유엔자원봉사단(UNV) 등 환경 관련 유엔기구를 20여 개 유치하여 환경과 유엔의 도시로 거듭났다. 본은 인구 30만의 도시에 국제기구 공무원 숫자만 해도 1,000명이 넘는 도시가 되었다. 언젠가 본市長 집무실에서 이런저런 얘기를 나누다가, 옛날 유학시절을 회고하면서 내가 독일의 소위 환경수도는 남쪽의 프라이부르크라고 말하자, 시장은 그때는 그랬는지 모르겠으나 지금은 단연코 본이라고 주장했다. 2020년에는 본시 최초로 녹색당원이 시장으로 당선되어 환경도시의 이미지가 한층 강화되었다.

본은 50여 년간 서독의 수도였던 탓에 시내 곳곳에 총리실, 외교부, 의회 등 연방정부 건물이 그대로 남아 있다. 지금은 당시 용도와는 많이 바뀌었다. 하원 건물은 유엔이 차지하고 있고, 총리실은 연방개발협력부에서 사용하고 있다. 총리가 거주했던 곳인 총리관저(Kanzlerbungalow)는 그대로 남아 있다. 총리관저는 거의 강에 붙어 있다. 담장 바로 아래로 자전거 도로와 보행자 길이 강을 따라 길게 나 있다.

총리실 담벼락

총리관저에서의 대화

1989년 6월 어느 늦은 밤, 바로 이곳 총리관저 담장에서 헬무트 콜 당시 서독 총리와 고르바초프 소련 공산당 서기장이 긴 대화를 이어갔고, 이들의 대화 속에서 통일 독일의 단초가 마련되었다.

고르바초프는 부인 라이사(Raissa) 여사와 함께 1989년 6월 12일부터 3

일간 서독을 국빈 방문했다. 그는 콜 총리와 3번의 비밀 회담을 가졌다. 마지막 날 그들은 부인들과 함께 총리 관저에서 저녁식사를 같이했다. 식사 후 자정이 가까워질 무렵 콜은 고르바초프에게 산책을 제안한다. 통역자 한 사람만 대동하고 관저 식당을 나와 라인강 쪽으로 걸었다. 늦은 밤이었지만, 나지막한 담장 아래로 산책하는 사람들도 있었다. 이들은 환하게 밝혀진 총리 관저에서 담장을 따라 거니는 두 사람을 보고 손을 흔들었고 콜과 고르바초프도 가벼운 제스처로 화답했다. 솔직하고 진지한 대화를 주고받을 수 있는 조건이 마련되었다고 생각한 콜 총리는 라인강을 가리키며 말했다.

"저 흘러가는 강물을 보시지요. 강물은 역사를 상징하지요. 역사에 있어 정체란 없습니다. 강물을 막을 수는 있습니다. 기술적으로 가능합니다. 하지만, 강을 막으면 물줄기는 둑을 타고 넘어 다른 길을 통해 바다로 흘러갑니다. 독일 통일도 마찬가지입니다. 당신은 통일을 막으려고 시도할 수 있습니다. 그러면, 우린 모두 아마도 통일을 달성하지 못하겠지요. 하지만, 라인강이 반드시 바다로 흘러가듯이 독일의 통일 그리고 유럽의 통합도 반드시 이루어질 것입니다."

고르바초프는 콜의 말을 주의 깊게 듣고만 있을 뿐, 말이 없었다. 그는 콜의 의견에 동의하지도 않았지만, 그렇다고 반박하지도 않았다. 콜 총리는 그의 자서전을 통해 바로 그때 고르바초프로부터 독일 통일에 대한 암묵적 승인을 확인할 수 있었다고 썼다. 고르바초프로부터 '예스' 사인을 받았다고 확신한 콜은 특유의 뚝심과 결단력, 지도력을 발휘하여 역사에 나부끼는 '신의 망토'를 주저 없이 낚아채어 독일 통일의 위대한 업적을 이루었다.

콜과 고르바초프가 걸터앉았던 담장에는 망원경으로 강 너머 무엇인가를 유심히 관찰하는 조그마한 청동상이 무성한 담쟁이 넝쿨 속에 앉아 있다. 제법 하류가 가까워졌음에도 이곳에서 보는 라인강은 여전히 힘이 있고 활기차다. 로망롤랑이 지었고 이휘영이 번역한『베토벤의 생애』라는 조그만 책자에는 이곳의 라인강을 이렇게 묘사하고 있다.

"사실 이 강은 거의 인간적이라고 할 만큼 살아 있어, 무수한 사상과 정력이 깃든 거대한 혼과도 같은데, 그것은 아담한 본에 있어서 가장 아름답고 가장 늠름하고 가장 온화한 것이다. 응달지고 꽃핀 언덕 밑을 라인은 힘차게 어루만지는 듯 넘실거리고 있다."

강변을 따라 걷다가 널찍하게 조성된 '라인아우에(Rheinaue)' 공원에 접어들었다. 나무 벤치에 앉아 강너머 산 위로 뾰족하게 솟아 있는 '용바위(Drachenfels)'와 흘러가는 흰구름을 쳐다본다. 그리고 이곳 공원에서

용바위에서 바라본 드라헨부르크(Drachenburg)성

라인강의 유람선

벌어졌던 화려했던 5월의 밤을 회상했다.


### 한밤중의 불꽃놀이

무척 늦은 밤이었다. 사람들이 삼삼오오 몰려들기 시작했다.


나도 사람들 무리의 끝자락에 붙었다. 가벼운 술기운에 서늘한 강바람
이 얼굴을 스쳤다. 군중들은 아마존의 거대한 아나콘다처럼 육중하게 느
릿느릿 나아갔다. 움직임이 더디어지더니, 이내 강 언덕 경사지에서 멈
췄다. 강 건너 선술집의 불빛이 기다랗게 수면을 어지럽혔고, 상류로부

터 형형색색 불을 밝히고 내려오는 유람선단의 움직임이 부산하다. 이들 붉은 선단은 사람들이 모여 있는 강 언덕에 가까워지자 무대 위에서 여성에게 춤을 청하는 남자처럼 강물 위에서 한 바퀴를 뱅그르르 돌았다. 많은 배들이 한꺼번에 내려온 탓에 강기슭으로 거친 물결이 몰려왔다. 아이들은 깔깔거리며 밀려오는 파도를 피해 급하게 언덕으로 올랐다. 붉은색 선단은 삼바 음악에 맞춰 5월의 밤을 희롱했다.

유람선의 화려한 향연이 끝나자 무리들은 다시 꿈틀거렸다. 포식한 뒤 여유를 찾은 악어 떼 같이 서서히 공원의 한가운데를 향해 움직였다. 공원의 중심지인 연못 주변은 먼저 온 사람들로 이미 차고 넘쳤다. 자정이 가까워질 무렵, 어디선가에서 들려오는 카운트다운에 따라 첫 번째 폭죽이 하늘로 치솟았다. 5월의 라인강 불꽃놀이(Rhein in Flammen)가 시작되었다.

해마다 5월 첫째 주말에 개최되는 라인 강변의 최대 불꽃놀이다. 왕관, 폭포, 지렁이, 다이아몬드, 반지 모양 등 온갖 종류의 불꽃 형상이 검은 하늘을 수놓았다. 아이들, 어른들 모두 탄성을 질렀다. 자다 깬 백조들이 붉은 섬광과 굉음에 놀라 무리 지어 연못을 배회했다.

오랫동안 들고 있어 미적지근해진 맥주를 한 모금 들이켰다. 아! 살

라인 불꽃 놀이

아 있다는 것은 얼마나 아름다운가. 몽테뉴가 그랬던가. "가만히 생각해
봐… 산다는 것보다 더 좋은 건 없어."

    강과 숲과 바람은 하늘과 빛과 어둠이 만든 놀랍도록 아름다운 작품을
조용히 지켜보았다. 화려한 불꽃놀이가 끝난 강변에 앉아 별이 총총한
하늘을 바라보며 길렐스(Emil Gilels)가 연주하는 베토벤의 피아노 소나타
30번을 듣는다. 강렬한 타건, 때론 모래알처럼 부드러운 터치, 영롱한 선
율이 하늘에 울려 퍼진다. 제자 체르니가 베토벤에게 곡의 의미를 물었
다. 밤하늘 은하수를 바라볼 때 느끼는 휑하고 무상하고 공허한 느낌, 바
로 그것이라고 베토벤은 답했다.

# 21
# 하루가 천년같이

‒ 하이스터바흐(Heisterbach)

자전거는 강을 따라 높낮이 없는 평평한 길을 여유 있게 나간다. 바람과 구름과 햇빛은 많지도 적지도 않게 적당하다. 배낭에 짓눌린 등에 땀방울이 맺힐 만하면 서늘한 바람이 불어와 식혀주고, 구름은 태양을 오래 가둬놓지 않는다. 강물은 산허리에 바싹 붙어 힘차게 흘러간다.

이제 언덕으로 들어섰다. 보기에 좋았던 언덕은 가파른 경사길로 변한다. 다급하게 한꺼번에 몇 단계 저속 기어로 바꿨지만, 그래도 힘에 부친다. 자전거 교본대로 안장 가장 앞쪽으로 바싹 다가앉으면서, 가능한 부드럽게 페달을 돌리려는 생각을 놓지 않았다.

수도원 유적

　언덕을 지나 '하이스터바흐(Heisterbach)' 수도원에 도착했다. 바로크 양식의 초록색 대문을 지나 몇 걸음 발길을 옮기다 시원하게 펼쳐진 잔디 정원 위에 수박을 반쯤 잘라놓은 것 같은 묘한 모양의 오래된 석조물과 마주쳤다. 온전한 건축물의 형태가 아닌 것은 분명한데, 원래의 모양은 가늠할 길이 없다. 주변의 경관과 조화를 이루지 못한 급조한 영화 세트장 같기도 하다.

　이 수도원이 처음 세워진 것은 지금으로부터 대략 800년 전이다. 세로 88m, 가로 44m로 크기로만 보면 쾰른성당 다음이었다. 로마네스크 양식의 수도원은 600여 년간 본래의 기능을 수행하다가 1803년 교회 재산이 국가에 몰수되고 건물은 해체되었다. 수도원의 석재는 벤로(Venlo)와 노이에스(Neuss) 간 운하건설과 코블렌츠의 에렌브라이트슈타인 요새 건축에 사용되기도 했다. 지금 남아 있는 것은 수도원 예배당의 천장과 외벽 일부이다. 안내 표지판을 읽고 수도원 원래의 평면도를 보니 낯설게 보였던 석조물의 실체가 이해되었다.

수도원에는 오래전부터 수도사에 얽힌 이야기가 전해져 내려온다.

수도원에 박식하고 호기심 많은 수도사가 살고 있었다. 그는 여러 분야에 대해 두루 알고 있었지만, 무엇보다 성경에 대해 해박했다. 그는 신이 창조하고 계시한 것 모두 알고 싶어 했다. 하지만 알고자 노력하면 할수록 의심이 쌓여갔고 불안감이 엄습했다. 진리라고 믿고 있는 것 어느 것 하나 영속적인 것은 없어 보였다. 심지어 신의 존재 자체에 대해서도 의구심이 들었다.

그러던 어느 날 그보다 아는 것은 많지 않았지만 신앙심은 더 깊었던 수도원장이 그에게 웃으며 경고하듯 말했다.

"이보게 형제여! 세상에는 구원과는 관계없는 잡다하고 쓸모없는 지식이 너무나도 많다네. 지식과 지혜는 구별되는 것이지. 자네가 세상의 이치를 다 깨달았다 할지라도 영혼이 고통을 받고 있다면 무슨 소용이 있겠는가?"

수도사는 수도원장의 말에 한편으론 수긍이 갔지만, 그가 과연 지식의 넓고 깊은 세계에 대해 알고 이런 말을 하는 것일까 의심했다.

그는 하나님께 열심히 기도했다. "주님, 저의 부족한 믿음에 확신을 주소서!" 금욕과 고행을 계속하면서 흔들리지 않는 믿음과 평강을 간구했다. 간절한 기도와 믿음의 생활에도 불구하고 그의 의심은 점점 깊어만 갔고 성경 말씀도 도무지 마음에 와닿지 않았다.

그는 어느 날 '사랑하는 자들아, 주께는 하루가 천 년 같고 천 년이 하루 같다'는 성경 구절을 읽던 중 문득, '절대자 하나님에게 있어 과연 시간이란 무엇이고 하나님에게도 시간이라는 것이 존재하는가'라는 물음에 맞닥뜨렸다. 생각을 거듭했으나, 답은 떠오르지 않았다.

수도원의 방을 나와 십자가가 줄지어 선 긴 회랑을 지나 정원을 가로질러 담장 너머 너도밤나무가 우거진 숲속으로 들어서 걷고 또 걸으며 생각했다. 시간의 본질은 무엇일까? 신에게 시간과 공간은 어떤 의미가 있을까? 아무리 생각하고 상상해보아도 이해되지 않았다.

새 한 마리가 머리 위에서 조잘거렸다. 수도사는 오랜 상념의 바다에서 빠져나왔다. 눈앞의 새가 너무나 아름다웠다. 새는 지금까지 단 한 번도 본 적 없는 멋진 자태를 뽐내고 있었다. 호기심 많은 수도사는 자신도 모르게 새를 쫓아갔다. 7가지 무지개색 깃털의 새는 천상의 소리로 지저귀며 닿을 듯 말 듯, 이 나무에서 저 나무로 계속 옮겨 다녔다. 새를 놓치지 않으려고 수도사의 발걸음은 빨라졌고, 점점 더 깊은 숲속으로 들어갔다.

수도사는 새를 쫓아가며 천상의 소리에 흠뻑 빠졌다. 소리를 듣는 그 순간만큼은 세상 어느 것도 부러울 것 없이 행복했다. 그루터기에 앉아 이마에 손을 궤고 조용히 눈을 감고 새소리에 몰입하기도 했다. 새는 수도사 바로 머리 위 우듬지에 앉아 쉼 없이 노래했다.

어느 순간 새의 지저귐이 멈췄다. 수도사도 현실의 세계로 다시 돌아왔다. 그리고 혼잣말로 중얼거렸다. '이런, 숲속에서 시간을 너무 많이 보낸 것 같네. 저녁 기도시간에 늦겠군.'

그는 수도원으로 발걸음을 재촉했다. 수도원 정원에 들어서는 순간 많은 것들이 달라 보였다. 마치 낯선 곳에 와있는 것 같은 생각이 들었다. 천장으로 이어지는 예쁜 사다리가 있는 본당과 십자가는 그대로인데, 옆

건물은 처음 보는 것 같았다. 화단에 물을 주고 있는 형제 수도사에게 물었다.

"대체 어찌 된 일이요? 어찌하여 모든 게 이렇게 변해 있습니까?" 형제 수도사는 웃으며 대답했다. "그래요? 저는 여기서 생활한 지 20년도 넘었는데, 특별하게 달라진 건 없습니다. 그런데, 어르신께서는 어디 가셨다 오시는지요?"

수도사의 뒷목이 뻣뻣해졌다. "어르신이라니요? 형제와 나이 차이가 별반 날 것 같지 않은데, 나 보고 어르신이라니. 허허."

형제 수도사는 어리둥절해하며 "무슨 말씀이신지요? 저와 나이가 비슷한데도 머리카락이 벌써 그렇게 희었는지요? 하하."

수도사는 온몸에 힘이 쫙 빠졌다. 있는 힘을 다해 수도원 본당으로 뛰었다. 형제 수도사들이 모여 기도를 하고 있었으나, 아무리 보아도 아는 사람이 보이지 않았다. 평소에 즐겨 앉던 자리에 앉아 다시 한번 머뭇머뭇 주위를 둘러보았지만, 역시 눈에 익은 사람은 단 한 사람도 없었다. 마치 악몽을 꾸고 있는 것 같았다.

수도원장이 그에게 다가왔다. "처음 뵙겠습니다만, 기도가 아직 끝나지 않았습니다. 지금 이 시간에 이곳에 들어오시면 안 됩니다." "처음 보다니요?" 수도사는 웃으며 말했다. "저는 이 수도원의 수도사입니다. 저는 댁이 뉘신지 기억이 나지 않습니다. 알베르투스 원장님은 어디 계신지요? 몇 시간 전만 해도 저와 같이 있던 동료 수도사들은 모두 어디로 갔는지 아시는지요?"

주위에 있던 수도사들이 고개를 갸우뚱거렸다. 그 한사람이 물었다. "댁은 뉘신지요? 이름은 무엇이고, 어디에서 오셨는지요?"

수도사가 그의 이름은 이보(Ivo)라고 쾰른의 엔겔베르트(Engelbert von Berg)가 대주교로 취임한 해부터 이 수도원에서 생활하고 있다고 답했다. 모여 있던 수도사들 가운데 그의 말을 이해하는 사람은 아무도 없었다.

옆에서 듣고 있던 인내심 많은 수도원장은 기침을 크게 한 번 하고, 붉게 물들어가는 먼 하늘을 바라보면서 한 마디를 남기고 본당을 떠났다. "무슨 말씀을 하시는지요? 댁은 지금으로부터 300년 전 일을 말씀하시는군요."

수도사에게 이름을 물어보았던 형제 수도사가 말을 이었다.

"성함이 '이보'라고 하셨는지요? 그러고 보니, 우리 수도원 연보에서 그 이름을 본 기억이 납니다. 거기에는 이렇게 써 있어요. '엔겔베르트 대주교가 취임한 그해부터 수도사 이보가 수도원에서 살았다. 그는 학식이 높은 사람이었으나, 의심이 많았다. 그는 어느 날 숲속으로 들어갔고, 그 이후 숲에서 돌아오지 않았다.'"

수도사는 누군가 뒤에서 큰 망치로 머리를 후려치는 것 같은 기분이 들었다. 그리고 '사랑하는 자들아, 주께는 하루가 천 년 같고 천 년이 하루 같다'는 성경 구절이 귓전을 때렸다.

그는 눈물을 쏟으며 형제 수도사들을 보면서 떨리는 목소리로 그가 어찌하여 그렇게 학식이 높다는 평가를 받게 되었고, 또 의심하는 자가 되었는지, 하나님이 어찌하여 그를 다시 이렇게 영원의 세계로 인도하였는지를 말했다. 이보 수도사는 제단 앞에 무릎을 꿇고 더듬거리며 말했다. "오! 주님이 저에게 기적을 행하셨습니다. 주님을 영원히 찬양합니다." 모여 있던 형제 수도사들이 그가 도대체 무슨 말을 하는지 알 수가 없다는 듯 수군거리고 있을 때, 수도사는 팔을 높이 펴고 앞으로 넘어지면서 죽었다.

수도원 외곽에 있는 작은 연못을 지나 숲과 수도원을 경계 짓는 담장을 따라 걷는다. 담장의 중간에는 작은 문이 있고, 그 문에는 수도사의

뒷숲으로 향하는 문

애틋한 사연에 힌트를 얻었는지 '신은 시간과 공간을 초월해서 존재한다'는 문구가 현대적 필치로 써 있다. 문을 여니 숲이다. 한여름의 빼곡한 너도밤나무 숲은 짙은 초록 이파리로 무성하고 한 줄기의 빛도 용납하지 않고 있다. 자갈길을 따라 숲속으로 들어간다. 지저귀는 산새 소리를 들으며 초록의 세계로 깊숙이 들어간다.

# 높다란 성당

– 쾰른(Köln)

전후 독일의 대표적인 작가 가운데 한 사람인 하인리히 뵐(Heinrich Böll)은 '라인강 중류는 멋지고 아름답다. 그렇지만, 나는 평평하고 넉넉한 모습으로 북해의 안개 속으로 흘러들어가는 이곳 쾰른이 좋아 여기서 태어났다'고 자랑했다. 쾰른에서 라인강은 이제 중류지역의 아기자기하고 섬세한 모습을 완전히 벗어던지고 강폭은 넓어지고 평범한 일상의 강이 된다.

일요일 아침 쾰른의 라인 강변(Rheinpromenade)은 오래된 물건들이 새로운 주인을 찾느라 무척이나 어수선하다. 사이즈 큰 세무잠바, 꽤 쓸만해 보이는 검은 구두, 서류 가방, 상표가 무늬진 찻잔 세트, 팔찌, 귀거리, 반지, 은 장신구, 가판대 아래 반쯤 가려진 LP판, 한쪽 팔이 온전치 못한 마론 인형, 빛바랜 여행 화보집, 오래된 청동 종 등등. 일주일에 한 번 정기적으로 열리는 강변의 벼룩시장에 사람들이 넘쳐난다.

정해진 가격에 익숙한 독일인들이지만 이곳에서만은 예외다. 물건을 사는 이도 파는 이도 가격을 흥정할 마음의 준비가 되어 있다. 그렇다고 터무니없이 가격을 깎으려고 하지는 않는다. 서로 암묵적인 약속이 되어 있어 그 선에서 거래가 이루어진다. 물건을 둘러보는 사람도 가판대를 지키는 사람도 바빠 보이는 사람은 없다. 물건을 꼭 사야 하는 것도 반드시 팔아야 하는 것도 아니다. 최근에는 벼룩시장에서 물건을 파는 사람들이 대개는 거의 전문상인들이기는 하지만 이들도 시간에 쫓기는 것 같지는 않다. 여기 쾰른 사람들의 얼굴에는 여유가 배어 있다.

쾰른, 마인츠 등 중부 라인강 유역을 보통 '라인란트(Rheinland)'로 부른다. 이곳 사람들은 독일의 다른 지역, 예컨대 이웃 뮌스터의 베스트팔렌, 프로이센적 기질이 강한 베를린 등 독일의 다른 지역과는 구별되는 낙천적이고 개방적이고 유머 있고 친절한 기질을 지니고 있는 것으로 알려져 있다. 사람들은 라인란트를 독일의 지중해로 부르기도 한다. 이 지역이 그만큼 넉넉하고 여유가 있다는 의미일 것이다. 부정적인 측면에서 보자면 이곳 사람들은 전형적인 독일 사람들보다 약속을 덜 지키고 덜

강직하다는 평가를 받기도 한다.

이 지역에 살면서 독일의 다른 곳에서 경험하지 못했던 따뜻한 인간미를 느낀 적이 많았다. 한 번은 쾰른의 어느 행사에서 빌리히(Willich)라는 조그만 도시의 시장을 우연히 만난 적이 있다. 한눈에도 유쾌해 보였던 그는 시간이 되면 자신의 시에 꼭 한 번 방문해달라고 했다. 의례적인 인사치레로 생각해서 그다지 진지하게 마음에 담아두지 않았다. 내가 구체적인 답을 주지 않으니까 시장은 그 후 몇 차례 편지를 보내 꼭 한 번 방문해달라고 했다. 다른 일도 많고 특별히 그 시를 방문할 이유가 뚜렷하게 생각나지 않아 차일피일 미루다 그와 만난 지 거의 1년 10개월이 지난 어느 날 갑자기 그가 생각이 나서 미리 연락을 하고 그곳을 찾아갔다.

시장은 70세에 가까운 나이였고, 거의 20년 동안 시장직을 맡고 있었다. 독일은 오래전부터 시장은 시민들이 직접 뽑는다. 그는 시청 구석구석을 보여주었고 서로 많은 이야기를 나누었다. 그는 점심으로 파르메산 치즈가 그득한 피자를 사주었고, 시 직할 기업단지 시찰도 함께했다. 방문을 마치고 돌아갈 시간이 되었다.

시장은 슈파겔(Spargel, 아스파라거스)을 좋아하냐고 물었다. 무심코 그렇다고 했다. 그러자, 시장은 내 차에 옮겨 타더니 시간이 좀 걸리니 양해를 구한다고 하면서 먼지가 풀풀 날리는 비포장도로를 한참을 달렸다. 자동차는 초록색 트랙터가 한 대 서 있는 허름한 농가 앞에서 멈췄다. 시장은 '동생이 농부인데, 아마도 지금 동생이 집에 있을 거'라고 말하는 순간, 트랙터 색깔과 똑같은 색의 농부 옷을 입은 동생이 하얀 이를 드러내며 크게 웃으면서 차 뒤쪽에서 걸어와 인사를 건넸다. 조그만 동네라 적어도 일주일에 한두 번은 볼 것 같은데, 형과 동생은 마치 오랫동안 만나지 못했던 사람들처럼 큰 웃음과 함께 거친 손을 교환하며 좋아했다.

시장은 동생에게 귀한 손님이라고 나를 소개하면서 동생의 허락도 받지 않고 본인이 직접 그 집 가게에 놓여 있는 슈파겔을 한 움큼 집더니 슈파겔 껍질 까는 기계에 집어넣었다. 슈파겔이 껍질을 까고 먹는 채소인지도, 껍질을 까는 기계가 있는지도, 깐 껍질은 버리지 않고 슈파겔 스프를 끓여서 먹는 재료로 사용되는지도 그때 처음 알았다. 길죽한 슈파겔을 기계에 넣자 슈파겔은 순식간에 껍질을 벗어버리고 하얀 몸을 드러내며 물속으로 풍덩 빠졌다. 시장은 슈파겔을 물에서 건져 봉투 가득히 담아 주었다.

환대해 준 시장에게 감사의 인사말을 하면서 물어보았다. "혹시, 고향이 어디신지요?" 시장은 "여기 바로 여기 이 도시에서 태어났고, 평생을 여기서 지내고 있다."라고 했다. 조심스럽게 다시 물었다. "빌리히 市도

라인란트에 속하지요?" 시장은 웃으며, "당연하지요."를 두 번 크게 외쳤다. 그날 저녁 우리 가족은 라인란트 사람들의 따뜻한 정을 결코 잊지 않겠다고 다짐하며 싱싱한 슈파겔을 배불리 먹었다.


일상에서 벗어나기

라인강 사람들이 유유자적 인생을 즐기는 모습은 해마다 벌어지는 카니발에서 잘 나타난다. 전해 11월 11일 11시에 시작되는 라인 강변 도시의 카니발은 2월 중순 '장미의 월요일(Rosenmontag)'에 절정에 이른다. 마인츠, 뒤셀도르프, 본 등 라인 강변의 여러 도시에서 카니발 행사가 개최되지만 규모면에서 쾰른을 따라갈 도시는 없다. 가장(假裝) 행렬의 길이만 해도 5km가 넘고 그날 길거리에 뿌리는 초콜릿을 다 합하면 한 해 전체 소비량을 넘어설 듯싶다. 전날까지 멀쩡하게 다니던 사람들이 하루 만에 광대, 중세의 기사, 수도사, 마녀, 초록색 머리카락의 록스타가 되어 삼삼오오 골목을 누비고 다닌다. 조용하고 질서정연했던 라인 강변의 도시들이 그날 하루 소돔과 고모라로 변한다. 사람들은 아무 곳에서나 방뇨하고 소리 지르며 춤추고 술을 마신다. 단조로운 일상으로부터의 일탈을 마음껏 즐긴다.


어느 해 2월 쾰른 시장의 초청으로 카니발 행사에 참석했었다. 시청사는 굉음으로 가득 찼고 온갖 기괴한 옷으로 치장한 사람들이 서로 몸을

카니발

흔들어대고 있었다. 어색한 분위기를 술기운으로 커버해보려 했지만 쉽지 않았다. 카니발에서는 이때만 사용되는 독특한 말과 노래가 있다. 카니발 언어는 쾰른 지방 사투리에서 나온 것인데, 다른 지역의 독일 사람들도 잘 알아듣지 못할 정도로 특이하다. 오랜 기간 축적되어 온 그들 특유의 놀이 방식과 그날의 언어와 노래에 익숙하지 못하면 카니발의 진정한 재미를 누리지 못한다는 것을 알았다. 한번 그저 참여한 사람들에게는 한 번의 눈요기로 족할 뿐이었다. 맞지 않은 옷을 입었을 때 같이 불편한 분위기 속에서 허우적거리다 그나마 카니발의 진정한 한 부분이 되었다고 느꼈던 것은 귀에 익은 오스터만(Willi Ostermann)의 곡, 〈쾰른을 향한 향수(Heimweh nach Köln)〉를 들었을 때였다.

오스터만은 1876년 퀼른에서 태어나서 1936년 세상을 등진 작곡가이다. 이곡은 그가 임종을 앞두고 병상에서 만들었는데, 퀼른시의 비공식 시가(市歌)로 사용될 정도로 널리 알려져 있고, 카니발이 되면 빠짐없이 등장한다. 지금도 이곡을 들으면 모든 것을 다 잊어버리고 라인란트로 달려가고 싶어진다.


나는 라인 강변 퀼른에서 태어났네
그곳은 언제나 내 마음속에 남아 있지
모국어를 아직 잃어버리지 않았어
그걸 자랑스러워 한다네


고향을 생각할 때면
우뚝 선 퀼른의 성당을 볼 때면
고향으로 돌아가고 싶어져
난 걸어서 퀼른으로 가고 싶어


나는 자주 우리의 아름다운 독일의 강
라인강을 노래했지
나의 노래가 이렇게 울려 퍼지 듯

성당의 도시 쾰른은 독일에 남을 거야

고향을 생각할 때면

우뚝 선 쾰른의 성당을 볼 때면

고향으로 돌아가고 싶어져

난 걸어서 쾰른으로 가고 싶어


하나님이 언젠가 나를 부르면

베드로에게 말해야지

당신께 조용히 털어 놓을 게 있답니다

쾰른으로 가고 싶다고

고향을 생각할 때면

우뚝 선 쾰른의 성당을 볼 때면

고향으로 돌아가고 싶어져

난 걸어서 쾰른으로 가고 싶어


언젠가

하늘 문에서 내 아버지의 도시를 볼 거야

거기 높은 곳에서 조용히 말할 거야

쾰른, 너를 무척 좋아했었다고

600년의 기다림

강변에서 멀지 않은 곳에 퀼른성당이 있다. 그 거대한 탑과 근엄한 자태는 세상의 그 어떤 성당과도 비교를 불허한다. 중세 고딕 건축양식의 총아다. 퀼른성당은 때로는 그 앞의 수식어를 생략하고 단순히 '성당'으로 불리기도 했다. 첨탑은 높이가 157m나 된다. 도나우 강변의 울름(Ulm)성당의 첨탑보다 4m가 낮아 세계 1위의 자리를 내주긴 했으나, 한동안 세계에서 가장 높은 지위를 유지하고 있었다.

1248년부터 건축하기 시작해서 1880년에 완공되었으니 완공하기까지 632년이 걸렸다. 신성로마제국 황제 바바로사(Barbarossa)는 1158년 밀라노를 침공하여 도시 전체를 황폐화시켰다. 황제는 정복 후 밀라노에서 동방박사의 유골을 찾기 시작했다. 유골이 그 도시에 안치되어 있다는 소문은 들어서 알고는 있었으나 실제로 어디에 있는지는 몰랐다. 사람들을 불러 협박하고 고문한 끝에 밀라노 어느 귀족이 산조르지오(San Giorgio) 성당 종탑에 숨겨놓았다는 사실을 알게 되었다.

중세시대에 성유물(聖遺物)은 신과의 직접적인 접속을 의미했다. 성유물에 가까운 곳에 묻히는 자는 여호와에 가깝게 묻히는 영광을 누린다고 믿었다. 황제는 유골의 처리를 놓고 고민하다 자신의 충실한 조언자인 퀼른의 대주교 라이날드 폰 다셀(Reinald von Dassel)에게 선물로 주기로 했다. 12~13세기의 쾰른은 신성로마제국의 중심적인 도시였고, 무역 도시로 번영을 구가했다. 대주교는 황제의 은총에 감사를 표하고 밀라노로 직접 가서 유골을 쾰른으로 옮겨왔다. 동방박사의 유골이 정확히 어떤 길을 통해 쾰른에 도착하게 되었는지는 알려져 있지 않다. 다만, 오스트리아 빈을 경유했다는 것은 기록에 남아 있다. 쾰른에 도착하기 전 마지막 구간은 라인강을 따라 배로 이동했을 것으로 추론하고 있다. 쾰른에서 멀지 않은 라인 강변의 작은 마을 에르펠(Erpel)의 향토사학자들은 동방박사의 유골을 실은 배가 에르펠에서 잠시 정박했다고 주장하고 있다. 근거로써 그 마을에 유골이 통과할 무렵 이를 기념하기 위한 성당이 건축되었다고 말하고 있다.

유골은 1164년 7월 11일 쾰른에 도착했다. 성유물이 알프스 너머 쾰른에 도착했다는 소식은 삽시간에 퍼졌고, 주민들과 도시는 열광했다. 대주교는 일거에 영웅이 되었고, 쾰른은 예루살렘과 로마에 버금가는 거룩한 도시의 반열에 올라섰다. 순례자들이 반드시 거쳐 가야 하는 곳이 되었다.

동방박사의 유골을 품고 있는 도시 쾰른은 가장 높고 웅장한 최상의 성당을 가지기에 충분한 자격이 있었고, 그래야만 했다. 쾰른은 신성로마제국의 상징적인 도시로서 자존심을 지키고 싶었다. 쾰른의 대주교는 당시까지 존재하고 있었던 건축물 가운데 가장 높고 빼어난 구조물을 원했다. 1243년 쾰른 대주교는 석공장 게르하르트 폰 릴레(Gerhard von Rile)에게 당대 고딕 양식의 최고봉으로 알려진 프랑스 아미앵(Amiens) 성당을 능가하는 성당을 지을 것을 명했다. 마침, 석공장은 아미앵 성당에서 일하면서 최신 건축기술을 익혔던 터라 거대한 성당 건축에 적격으로 보았다.

쾰른 대성당은 건축 과정에서 이런저런 우여곡절을 거치면서 초석을 깐 지 632년이나 지난 1880년 10월 15일 낙성식이 거행되었다. 독일제국의 빌헬름 1세 황제가 그의 부인과 함께 참석했다. 9년 전에 마무리된 통일 독일의 위엄을 과시하기 위한 좋은 기회였다. 식은 성대하게 거행되었으나, 쾰른 대주교는 낙성식에 참석하지 않았다. 교회에서의 결혼 문제를 둘러싼 쾰른 대주교와 베를린 정부 간 마찰이 직접적인 원인이었다. 신교도가 다수를 이루는 프로이센 중심의 독일제국과 구교 전통이 우세한 쾰른을 비롯한 라인 지역 간 문화투쟁이 한창일 때였다. 쾰른성당 측은 쾰른 시민들에게 품위 있는 저항을 주문했고, 시의 주요 간부들은 리셉션에 참여하지 않았고, 주민들은 테데움(Te Deum)을 따라 부르지 않았다.

연합군은 2차 세계대전 기간 중 쾰른시를 262회에 걸쳐 폭격했다. 도시에 성한 건물이 거의 없을 정도로 도시는 완전히 폐허가 되었다. 쾰른 대성당은 건물 일부에 약간의 피해를 보기는 했지만, 전반적으로 온전히 보존되었다. 바로 옆에 있는 호엔쫄레른(Hohenzollern) 다리가 붕괴된 걸 보면 거의 기적과도 같은 일이었다. 사람들은 조종사들이 의도적으로 폭격을 하지 않았다고 생각했다. 하지만, 최근 연구결과에 따르면 연합군 측에서 사전에 쾰른 대성당만은 폭격하지 말자는 어떠한 공식적인 약속이나 비밀협정은 없었다고 한다.

연합군의 집중 폭격에서도 살아남았던 쾰른성당이 요즘 세속으로부터 집중포화를 맞고 있다. 2021년 3월 육중한 쾰른 대성당 정문 앞 광장에 거의 부러질 듯 안쪽으로 기울어진 붉은 십자가를 양 기둥으로 노란 해먹 위에서 두 손을 포개 자신의 배 위에 얹고 누워서 반쯤은 눈을 감고 뭔가를 생각하며 입가에는 기묘한 웃음을 짓고 있는 주교의 모형물이 전시되었다. 주교는 커다란 코에 노란 모자를 쓰고 있고 옷은 분홍색이다.

노란색 바탕의 해먹에 "성폭력 사건을 뻔뻔하게도 11년간이나 조사를 하고 있다니!"라는 검은색 글씨가 선명하게 쓰여 있었다. 2010년경부터 쾰른 지역을 중심으로 가톨릭 사제들의 아동 성폭력 사건이 불거졌다. 조사가 10여년 이상 진행되었으나 쾰른 교구는 이를 공포하지 않고 있었다. 마침내, 2021년 3월 900여 페이지에 달하는 조사보고서가 발표되었다. 1946년부터 2014년까지 3,677명의 아동과 청소년들이 1,670명의 사제로부터 성폭력을 당했다는 것이 사건의 요지다. 독일 최대 쾰른 교구와 쾰른의 대주교가 받은 타격은 막대했다. 500여 년 전 중세시대 기독교 타락에 경종을 울리고 종교개혁의 위대한 업적을 이룬 독일이 다시금 개혁의 깃발을 더욱 높이 들어야 할 때가 되었나 보다.

# 23
# 나지막한 다리

- 뒤셀도르프(Düsseldorf)

나폴레옹이 1811년 호프가르텐(Hofgarten) 언덕에서 이 도시를 보며 신께 감사하다며 한마디를 던졌다. "아! 이건 작은 파리야." 뒤셀도르프 사람들은 나폴레옹의 찬사에 크게 감격했다. 전세가 역전되어 1815년 프로이센이 뒤셀도르프를 점령한 이후에도 이들은 여관, 음식점, 카페 등 많은 곳에 프로이센왕의 초상화와 더불어 나폴레옹의 초상화도 함께 걸어 놓았다.

뒤셀도르프는 독일 16개주 가운데 인구가 가장 많은 노르트라인-베스트팔렌주의 주도(州都)로 약 60만 명의 시민이 살고 있다. 이 주의 가장 큰 도시는 인구 100만 명이 조금 넘는 쾰른이다. 뒤셀도르프와 쾰른은 과거에도 그렇지만 지금도 서로 원수지간이다. 두 도시의 관계가 나빠지게 된 최초의 역사적 사건은 1288년에 있었던 보링엔(Worringen) 전투라고 하니 대결의 역사가 상당히 길다. 쾰른은 오랜 전통을 자랑한다. 쾰른 사람들은 말한다. 쾰른이 로마 시대부터 명성을 떨칠 때에도 뒤셀도르프는 라인 강가 작은 마을에 불과했다고. 로마시대 라인강은 문명과 비문명을 가르는 경계선이었다. 라인강의 서쪽은 문명이었고, 동쪽은 야만이었다. 쾰른의 중심지는 지금도 라인강의 서쪽에 위치해 있고, 뒤셀도르프 중심지는 라인강의 동쪽에 있다. 쾰른 사람들이 지금까지도 뒤셀도르프를 한 단계 아래로 보는 우월감의 근거는 이렇게 역사가 길다.

독일 전역이 2차대전으로 거의 황폐화되었다. 2차대전 당시 쾰른 중심가는 90%, 중심지가 아닌 곳은 80%가 파괴되었다. 뒤셀도르프는 중심가가 40% 정도 파괴되었으나, 관공서의 상당 부분이 파괴를 면했다. 당시 이 지역을 장악하고 있던 영국군은 1946년 뒤셀도르프의 파괴 정도가 쾰른보다 덜 심하고, 철강 석탄의 중심지 루르지역에 좀 더 가까이 위치해 있다는 이유로 뒤셀도르프를 주도로 정했다. 2011년 독일경제연구소에서 발표한 독일 대도시 간 경제력 비교에 따르면 뒤셀도르프는 6위, 쾰른은 34위에 랭크되었다. 2000년 전 당시 문화 고도(古都) 쾰른은 적어도 경제적 경쟁력 측면에서 뒤셀도르프를 당하지 못하고 있다는 것이 수치로 증명되었다.

퀼른과 뒤셀도르프는 카니발, 축구, 아이스하키 등등 거의 모든 분야에서 여전히 경쟁하고 있다. 심지어 맥주마저 전혀 다르다. 퀼른의 대표적인 맥주 퀼쉬(Kölsch)는 도수가 약하고 맑은 반면, 뒤셀도르프의 맥주는 알트비어(Altbier)로 불리는데 흑맥주다. 퀼른 사람들은 맥주를 차라리 마시지 못하더라도 뒤셀도르프의 알트비어만큼은 마시지 않는다.

뒤셀도르프는 밋밋하다. 고풍스런 구시가지가 형성되어 있는 것도 아니고, 특별히 내세울 명물도 없다. 중심가 쾨니히스알레(Königsallee)에는 가로수와 명품 가게들이 늘어서 있고, 라인강이 휘돌아 나가는 시청사 주변엔 식당으로 가득하다. 현대 뒤셀도르프 사람들의 삶은 세 개의 M으로 대변된다고 한다 − Mode(패션), Maler(그림), Mostert(겨자-소시지 먹을 때 찍어 먹는 것). 진정한 뒤셀도르프 사람이라면, 아침에 일어나 '오늘 뭐 할까'를 물어보는 것이 아니라 '오늘 저녁은 어디로 갈까'를 묻는다. 모던하고 깨끗한 뒤셀도르프의 이미지는 한때 세계 굴지의 철강회사 티센크룹(ThyssenKrupp) 소유였던 도심의 '세조각빌딩(Dreischeibenhaus)'이 보여주고 있다고 한다면 크게 틀린 말은 아닐 것이다.

## 슈만과 하이네
밋밋하고 현대적인 뒤셀도르프가 그래도 예술사에 한 페이지를 장식하고 있는 것은 하이네와 슈만 때문일 것이다.

뒤셀도르프 시내의 동상

슈만은 1850년 부인 클라라와 아이들을 데리고 뒤셀도르프시 음악감독으로 부임한다. 처음에는 모든 것이 좋았다. 하는 일도 도시도 마음에 들었다. 하지만 좋은 시절은 오래가지 않았다. 정신병 증세가 서서히 다시 나타나 결국에는 정상적인 일을 할 수 없는 상태까지 되었다. 그의 정신병은 매독과 연관되어 있다는 것이 일반적인 분석이다. 계속되는 환청으로 잠을 제대로 잘 수 없는 날이 이어졌고 정신이 온전하지 못했다.

의사가 늘 옆에 붙어 감시하지 않으면 안 되는 지경에 이르렀다. 1854

년 2월 27일, 브람스와 만난 지 5개월 정도 지난 시점이었다. 카니발의 정점인 '장미의 월요일', 도시가 광란의 도가니 속에 빠져 있을 무렵 그는 감시가 소홀한 틈을 타서 집을 나섰다. 그리고 라인강으로 갔다. 뒤셀도르프 오버카셀(Oberkassel) 지역에는 나지막한 부교(浮橋)(Pontonbrücke)를 통해 라인강의 이쪽과 저쪽이 연결되어 있었다.

부교 위에 올라선 슈만은 먼저 결혼반지를 강물에 던졌다. 그리고 물속으로 뛰어들었다. 슈만은 하이델베르크에서 20대를 보냈는데, 그때 뤼데스하임으로 여행을 간 적이 있다. 그리고 거기서 라인강에 빠져 죽는 꿈을 꾸었다. 정신병이 악화되자 젊은 날의 환영이 되살아났던 것일까?

다행히 다리 관리인과 지나가던 행인들에게 금방 눈에 띄는 바람에 쉽게 구조되었다. 슈만은 본(Bonn)의 정신병원으로 옮겨졌다. 입원한 뒤 상태는 호전되어 병원을 찾은 브람스와 대화를 나누기도 했으나, 결국 병은 더욱 악화되어 1856년 7월 숨을 거두고 본의 중앙묘지에 묻혔다.

하이네와 슈만은 12년 차이다. 하이네가 슈만보다 12년 먼저 태어났고, 같은 해 1856년에 죽었다. 둘 다 모두 매독에 걸려 고생하다 세상을 떴다. 하이네의 경우, 매독이 아니라는 주장도 있으나, 일반적으로는 그렇게 알려져 있다. 하이네는 그의 말처럼 '푸른 산 위에서 우둔함이 자라는 곳, 가을이면 과일을 따서 즙을 만들고 통에 담아 다른 곳으로 보내는 곳, 바로 그 아름다운 강가' 뒤셀도르프에서 1797년에 태어났다. 18년 동안 여기에서 살았고 이후 파리로 망명한 후 그곳에서 죽었다.

슈만은 40편도 넘는 하이네의 시에 곡을 붙였다. 하이네의 시에 곡을 붙인 작곡가들 가운데 슈만이 가장 중요한 작곡가이고, 슈만이 곡을 붙인 사람 가운데 하이네가 가장 의미 있는 시인임은 분명하다. 사람들은 하이네와 슈만을 가장 잘 어울리는 꿈의 파트너라고 말하기도 한다.

작품번호 48번 연가곡집 〈시인의 사랑(Dichterliebe)〉은 시와 음악의 이상적인 결합, 독일 예술가곡의 정점으로 평가되고 있다. 하이네의 말과 슈만의 음은 분리할 수 없는 하나가 되어 사랑과 동경, 절망과 고통을 예술로 승화시켰다. 하이네의 시집 『노래책(Buch der Lieder)』은 19세기에 이미 많이 알려져 있었지만, 슈만의 가락에 얹히고 나서야 비로소 세계적인 명성을 얻게 되었다.

슈만은 정신병이 본격적으로 그를 괴롭히기 전 가장 행복했던 젊은 시기에 하이네의 시에 곡을 붙였다. 슈만과 하이네는 동시대를 살았지만 실제로 만난 것은 단 한 번뿐이었다. 1828년 봄 뮌헨에서였다. 대학입학자격시험(Abitur)에 합격한 슈만은 뮌헨으로 여행을 떠났다. 하이네의 추천서를 받아 쥔 17세의 슈만은 바이로이트(Bayreuth)에 있는 장폴(Jean Paul)의 무덤에 들렀다가 뮌헨으로 간다. 하이네는 당시 뮌헨 코타(Cotta) 출판사에서 편집 일을 하고 있었다. 하이네의 첫 번째 시집『노래책(Buch der Lieder)』이 함부르크에서 초판이 발행된 지 채 1년도 지나지 않은 시점이었다. 슈만은 하이네에 대해 약간의 불안한 생각을 가지고 있었다. 그는 당시 이미 유명해진 하이네의『여행화첩(Reisebilder)』을 읽고, 이전에 어떤 글에서도 보지 못했던 통쾌한 풍자와 날카로운 反語에 깊은 감명을 받았지만, 작가가 현실세계에서도 그와 같이 사람을 대할지도 모른다는 불안감을 가지고 있었다.

슈만이 편지로 자신을 '뚱하고 사람들과 잘 어울리지 못하는 사람'이라고 소개하자, 하이네는 '친절하게, 그리스의 아나크레온과 같이' 맞아주어 놀랐다는 기록이 있다. '다만, 그의 입가에는 인생의 사소한 것에 대한 쓴웃음, 자잘한 것에 신경을 쓰고 사는 인간들에 대한 경멸이 녹아 있었다'고 써 있다. 슈만과 하이네는 나폴레옹에 대해 얘기를 나누었고, 두 사람 모두 나폴레옹에 열광했다고 한다.

두 사람은 뮌헨에서 단 한 번 만났지만 서로가 좋아하고 뜻이 맞았다. 하지만, 1836년 마이어베어(Giacomo Meyerbeer)의 작품을 놓고 두 사람의 관계에 금이 갔다. 마이어베어의 오페라 〈위그노(Hugnotten)〉가 1936

년 파리에서 초연되었고, 하이네도 관람했다. 하이네는 최고의 작품이라고 평했고, 그를 당대 최고의 작곡가로 칭송했다. 슈만의 생각은 달랐다. 슈만은 1년 뒤 이 공연을 보고 최악이라고 평가했고, 하이네는 음악을 모르는 사람이라고 비아냥거렸다. 슈만은 〈시인의 사랑〉 악보를 파리의 하이네에게 보냈으나 하이네는 이에 답하지 않았다.

하이네 박물관

시내 중심가에 위치한 하이네 박물관을 둘러보았다. 안내하는 여성은 평균적인 독일인보다 훨씬 친절하게 대강의 박물관 구조를 알려주었는데, 안내가 필요 없을 정도로 박물관은 작았다. 연대별로 하이네의 생애가 잘 요약되어 있었다. 세계 각국어로 번역된 하이네 관련 서적의 표지 사진, 육감적인 요정이 언덕에서 굽이치는 라인강을 내려다보는 유화, 『여행화첩(Reisebilder)』에서 발췌한 문구 등이 벽면을 온통 덮었다. 박물관에서 나와 시내를 이곳저곳 둘러볼 때도 내 머릿속을 떠나지 않았던 것은 하이네가 파리 망명 시절 병세가 서서히 악화되기 시작할 무렵 루브르를 방문한 후에 썼던 문구였다.

"마지막으로 바깥 출입을 했던 1848년 5월이었다. 가까스로 몸을 추스려 루브르 박물관으로 갔다. 美의 여신 밀로가 서 있는 방으로 들어갔을 때 거의 쓰러질 것만 같았다. 그녀의 발아래 오랫동안 누워 심하게 울었다. 여신이 불쌍하다는 듯 나를 내려다보면서 '어쩌면 좋을꼬? 난 팔이 없어 도울 수가 없어.'라고 말하는 것 같았다."

추운 겨울 라인강 여행길에 용바위(Drachenfels)에 올라 강을 굽어보며 밤새워 모닥불을 피우며 세상을 논하고 웃던 호기, 조국 독일을 주유하며 〈겨울동화〉에서 내뿜었던 독설은 온데간데없이 사라지고 병들어 죽어가는 하이네, 그 슬픈 얼굴은 박물관에서 조금 떨어진 '백조광장

하이네 동상

(Schwanenmarkt)'에서 머리가 잘린 채 누워 있는 그의 동상에서 더욱 뚜렷해진다.

하이네는 언젠가 말했다. "감히 그렇게 생각할 엄두도 나지 않지만 내가 늙으면 어찌 될까? 아마도, 부서진 가슴과 찢어진 새킷을 입고 무덤으로 들어가는 독일의 그 고귀하고 위대한 인간들의 숫자를 하나 늘리겠지. 뒤셀도르프에 아마 나의 기념비가 세워지겠지." 그의 예언이 실현된 것은 1981년 하이네가 사망한 지 125년이 되는 해였다.

그의 동상은 보통의 동상과는 판이하게 다르다. 대개의 경우 동상은 멋지고 우아하고 생기발랄하던가, 아니면 위엄 있고 품위 있는 얼굴과 몸을 염두에 두고 제작되는데 이 광장의 하이네 동상은 이와는 정반대다. 똑바로 서 있거나 앉아 있는 모습이 아니라 얼굴과 목을 분리해서 땅에 뉘어 놓았다. 얼굴은 그가 파리에서 6년간 '침대무덤(Matrazengruft)'의 시기를 겪으며 고통스럽게 죽어가는 모습을 그렸다. 뒤셀도르프 출신 조각가 게레스하임(Bert Gerresheim)의 작품인데, 제막식을 할 때부터 논란이 많았다. 일부 사람들은 조롱했고, 또 일부는 특색 있는 작품이라고 추켜세웠다.

뒤셀도르프에는 슈만이 있고 하이네가 있고 백남준도 있다. 카이저슈트라세(Kaiserstrasse) 22번지. 독일의 도시에서 흔히 볼 수 있는 다소 낡은 평범한 단층 건물이다. 이 건물 3층(우리나라 계산법으로는 4층)에 한때 독일 전위예술의 무대가 되었던 'Galerie 22'라는 공간이 있었고, 여기에서 백남준은 1959년 11월 13일 '존 케이지에 대한 경의: 테이프 레코더와 피아노를 위한 음악'이라는 퍼포먼스를 펼쳤다. 녹음테이프에서는 베토벤의 교향곡과 오토바이 소리 사이렌 소리가 동시에 들렸고 계란과 유리가 깨지고 멀쩡한 피아노가 뒤집혀졌다. 비디오 아트의 창시자 백남준이 그날 만들어낸 무질서의 행위예술은 고요한 뒤셀도르프의 밤을 뒤흔들었고 현대예술의 역사적 한 장면으로 기록되었다.

백남준은 1956년 독일로 유학 와서 뮌헨, 쾰른, 프라이부르크 등에서 공부했고, 1979년부터 1996년까지 뒤셀도르프 미술대학(Kunstakademie)의 교수직을 역임했다. 그가 이곳에서 계속해서 머물렀던 것은 아니다. 교수직은 유지하되 주로 뉴욕에서 활동했다. 백남준의 독특하고 미래를 내다보는 비디오 아트가 탄생하고 이후 그가 함께 참여한 독일의 전위예술 사조인 플럭서스 운동이 활발하게 전개된 곳은 비스바덴, 쾰른, 뒤셀도르프 등 라인 강변의 도시들이었다. 그가 평생의 동지라고 불렀던 요제프 보이스를 만난 곳도 여기 뒤셀도르프 공연장이었다.

### 현실의 강

자전거에 속도를 내어 도심에서 조금 떨어져 있는 제방 길에 올라섰다. 시원한 강바람을 맞으며 오버카셀(Oberkassel)의 강둑에서 같은 길을 몇 번이고 왕복하며 달렸다 서기를 반복했다. 길 위를 산책하던 사람들이 의아하다는 듯 쳐다보았지만 개의치 않았다. 서너 번 다시 같은 길을 반복해서 달리다 마침내 그 비슷한 지점을 찾았다. 사진 'Rhein II'의 배경이 되었던 위치를 찾고 싶었다.

이 사진은 사진작가이자 뒤셀도르프 미술대학 교수인 굴스키(Andreas Gursky)의 작품이다. 그는 사진의 히치코크로 불린다. 그의 사진 작품 'Rhein II'는 2011년 1월 Christie 경매에서 430만 달러에 팔렸다. 이 가격

Rhein II - 굴스키

은 한동안 세계에서 가장 비싸게 팔린 사진이 되었다. 363cm의 이 거대
한 사진은 1999년 바로 여기 오버카셀의 라인강 뚝방길에서 촬영되었다.

사진은 수평으로 6개로 분할되어 있다. 가장 하단에 풀밭이 있고 그 다

음에는 자전거 길 그리고 다시 풀밭이 나오고 라인강 물이 흐르고 풀밭
이 조성되어 있고 이어 잿빛 하늘이 나머지 공간을 차지한다. 그런데, 이
사진은 현실의 모습 그대로를 재현한 것이 아니다. 강 건너편에는 실제
로 높은 굴뚝의 공장이 있는데, 굴스키는 컴퓨터 작업을 통해 공장과 굴

뚝을 완전히 없애버리고 그 공간을 풀밭과 하늘로 대체했다. 현실을 조작하여 새로운 풍경을 창조해낸 것이다.

사진은 매우 단순하다. 강과 하늘과 풀밭 그리고 가느다란 자전거 길, 이게 모두다. 곡선은 철저히 배제되고 모두 직선이다. 풀밭과 하늘의 경계는 미학의 전통적인 규칙에서 벗어나 과감하게 화면의 정 중앙을 가른다. 하늘은 전형적인 독일 하늘의 색과 모습이다. 제목만 없었다면 사진의 주제가 무엇인지 모를 정도로 강과 하늘과 땅은 공평하게 공간을 나누어 가졌다. 사진에는 인간의 모습이 보이지 않는다. 작가는 현실에는 존재했던 인간의 흔적을 지워버렸다. 곧게 뻗어 번들거리는 강물은 차갑고 직선의 자연은 무겁다. 여기 이 강물에서는 로렐라이 언덕 긴 머리 요정의 노래 소리도 권더로데의 슬픈 이야기도 들릴 것 같지 않다. 라인강은 이제 고철과 염료, 자동차와 컨테이너를 나르는 철저하게 현실의 강이 되었다.

# 24

# 쇠의 향연

- 뒤스부르크(Duisburg)

뒤셀도르프를 지난 라인강은 굴곡이 거의 없어졌다. 양쪽으로는 제방이 있고, 제방과 강물 사이 평평한 토사지대에는 초지가 만들어져 있어 도시마다 풍경이 별 차이가 없을 정도로 단조롭다. 하류가 가까워지면서 중상류의 목가적 세계는 분주한 도시의 현실 공간으로 변해간다. 초지 위에 드문드문 모여 있는 미루나무와 참나무 군락 아래 아이들은 흥겹게 놀고 있고, 어른들은 피곤한 일상을 뒤로하고 깊은 잠에 빠져 있다.

강둑을 한참 달린 자전거는 강에서 멀지 않은 골목길로 들어서 코블렌쩌링(Koblenzer Ring) 8번지 앞에 선다. 지금은 평범한 가정집으로 보이지만, 이곳은 우리나라 광부들이 처음으로 독일 땅에 도착해 기거했던 집단 합숙소였다.

뒤스부르크 강변 풍경

"호텔 부럽잖은 숙소, 가족 및 시간 외 수당도, 방마다 독서실에 오락실 갖추어, 돈과 맥주와 아가씨도, 2주 연가 때 파리서 데이트도….".

## 라인강의 한인들

1963년 9월 1일 조선일보에서 "한국광부들을 기다리는 서독 광산촌 뒤스부르크"라는 큰 제목의 부연 설명이다. 우리 정부는 1963년 8월 보건사회부 장관 명의로 서독에서 일할 광부 500명을 선발한다는 광고를 냈다. 4만 6,000명이 지원했다. 이들 응시자 가운데는 대학 졸업자가 절반이었을 정도로 당시 서독 광부는 인기가 있었다. 엄격한 선발 절차를 걸쳐 그해 12월 22일 광부 1진 123명이 뒤셀도르프 공항에 내렸다. 이들은 두 곳으로 분산 배치되었는데, 63명은 북부의 함본 탄광으로 나머지 60명은 아헨지역의 에쉬바일러 탄광으로 배속되었다. 함본 광산에 소속된 이곳은 페스탈로치촌으로 불렸고 독일인 직업훈련생들의 숙소였으나, 1960년대 들어 독일인들이 광산 근무를 기피하자, 외국인 노동자 숙소로 바뀌었다.

1960년대 광부, 간호사의 대규모 파독은 지금의 독일 동포사회가 본격적으로 태동하는 신호탄이 되었다. 1970년대 중반까지 대략 광부 8,000명, 간호사 만 명이 독일로 건너왔고, 이들이 벌어들인 수입의 상당액은 고국으로 송금되어 우리 경제성장에 기여했다.

이들이 매달 받는 봉급은 당시 우리나라의 웬만한 직장인들보다도 훨씬 많았으나 자신이 원래 살던 곳을 떠나 문화도, 환경도 언어도 전혀 다른 곳에 산다는 것은 쉽지가 않았다. 1963년부터 1979년 사이 한국 광부 65명과 간호사 44명, 기능공 8명이 사망했다. 그중에는 채탄 작업 중 산재로 사망한 광부가 27명이었고, 간호사 19명, 광부 4명이 자살했다.

지하 1,000m 시커먼 갱도에서, 죽음의 기운이 가득한 병원 중환자실에서 청춘을 보낸 이들 광부 간호사들은 이제 모두 연로하다. 루르지역 에센(Essen)에는 이들이 만든 광부회관이 있다. 그곳에 가면 이들이 초기 정착 시절 어떻게 살았는지를 보여주는 많은 자료들이 그대로 잘 보존되어 있다. 이들이 탄광 속에서 썼던 모자, 곡괭이는 물론 고국이 그리울 때 함께 모여 놀았던 통기타 책도 보관되어 있다.

광부와 간호사 중 일부는 그들 사이에서 배필을 찾았고 일부는 독일 사람을 만나 가정을 이루었다. 라인 강변에서 처음으로 정착했던 광부 , 간호사들 가운데 일부는 이곳을 떠나 베를린 등 독일 다른 도시로 흩어졌고 일부는 오스트리아, 미국 등 아예 다른 나라로 이주했다. 또 일부는 독일 생활을 청산하고 고국으로 돌아가기도 했다. 하지만 오래전에 떠난 고국 땅에 다시 발을 붙이는 것이 이곳에서 사는 것보다 더 낯설게 느껴지기도 했다. 어떤 이들은 짐을 싸서 다시 독일로 돌아오기도 했다.

동포들 가운데 문학에 관심 있는 분들이 모여 오래전에 문인회를 만들었다. 문인회는 『재독한국문학』이라는 문집을 정기적으로 발행하고 있다. 문집 4집에 실린 유상근 시인의 시를 읽으며 눈시울을 붉힌 적이 있다.

가라는 것도 아니고
있으라는 것도 아닌데…

핑계 삼을 것이란
세우(細雨)이기에

어설픈 자세로
이 땅에 서서

스산하게 흐트러진
낙엽을 밟으며

나는 젖고 있다.

독일 동포 1세대는 어렵게 살았지만 2세대는 부모들의 노력과 헌신 덕택에 비교적 풍족하게 현지 독일인들과 당당하게 경쟁하면서 주류 사회에 안착하고 있다. 이들은 의료, 법률, 회계, 정보통신 등 다양한 전문분야에서 훌륭한 성과를 내고 있다. 2021년도에는 독일 동포 사상 처음으로 아헨지역에서 독일연방 하원의원이 배출되어 동포들이 한마음으로 기뻐했다.

## 철의 도시

뒤스부르크까지 흘러온 라인강은 루르(Rhur)강을 흡수해서 더 큰 강이 된다. 루르가 라인의 품안으로 들어오는 지점에 거대한 주황색의 철골 구조물이 푸른 하늘을 배경으로 눈부시게 서 있다. 라인오렌지(Rheinorange)로 불리는 이 예술작품은 무게가 83t이나 되고, 넓이 7m, 높이 25m의 직사각형으로 만들어졌다. 쾰른의 조각가 루츠 푸리취(Lutz Fritsch)가 1992년 만들었다. 한때 '철(鐵)의 도시'로 불렸던 뒤스부르크(Duisburg)의 랜드마크다. 심플하고 모던하고 견고해 보이는 현대 독일 디자인의 단면을 보는 것 같다.

옆에는 이곳이 라인강 발원지로부터 780km 떨어져 있음을 보여주는 숫자가 높다랗게 세워져 있다. 멀리서도 쉽게 눈에 띄는 오렌지 철골구조물은 '라인 자전거 길(Rheinradweg)'과 루르강을 따라 형성되어 있는

라인오렌지탑

'루르 자전거 길(Ruhrradweg)'이 만나는 이정표이기도 하다.

화물선들이 끝없이 강을 오간다. 라인강은 지난 수백 년간 지역민들에게 경제적 현실이었다. 갖가지 물건들을 실어 날랐고, 관광객들을 끌어들였으며, 에너지를 생산하고 뜨거운 기계를 식혔다. 포드사는 2015년 쾰른에서 생산된 Fiat 37만 6,000대 가운데 40%를 라인강을 통해 운송했다.

1년에 라인강을 통해 운반되는 화물, 원자재 등의 총량을 합하면 2억톤이나 된다. 이는 세계에서 화물 운송량이 가장 많다는 홍콩공항 화물처리 능력의 50배에 달한다. 라인강 유역에는 특히, 화학, 정유산업이 발달해 있다. 약 250개의 화학 관련 회사가 들어서 있고 정유회사 Shell의 가장 큰 기지는 라인 강변 고도르프(Godorf)와 베세링(Wesseling)에 있다.

지구온난화는 라인강에도 큰 영향을 주고 있다. 전문가들은 라인강의 원류인 알프스 빙하가 상당 부분 녹아버리면 건기에 강수면이 급격히 낮아져 선박들의 운항에 큰 지장이 초래될 것을 우려하고 있다. 강의 온도 상승도 문제다. 발전소가 강물의 온도 상승을 초래하는 주범이다. 20여 개의 발전소가 강 주변에서 터빈을 식히는 데 강물을 사용하고 있기 때문이다. 여름이 되면 강물의 온도가 28도까지 올라간다. 23도부터는 연어와 같은 물고기는 산란을 멈추고, 다른 물고기들도 위험해진다.

뒤스부르크의 옛 제철공장

자전거 페달을 다시 밟는다. 뒤스부르크 내항(內港)으로 들어간다. 이곳은 한때 라인강에 직접 접해 있었고, 로마제국의 경계선을 이루었다. 뒤스부르크 내항은 중세 이래 원거리 교역품의 환적지로 명성을 얻었다. 19세기에는 외항과 내항 확장 사업으로 강을 이용한 교통량이 크게 늘었다. 목재산업, 제분소가 이곳 경제의 중심을 이루었으나, 60년대 이후에는 곡물산업이 쇠퇴해져 창고를 이용한 물류기지로 전환되었다.

뒤스부르크 내항에서 내륙쪽으로 조금 더 들어간다. 바람에 묻어온 철(鐵)냄새가 비리하다 싶더니만 적갈색의 거대한 철구조물들이 여기저기 눈앞에 버티고 서 있다. 시간이 거꾸로 흘러 산업혁명 시대, 영국의 어느 공장지대로 들어선 것 같다. 반은 흙에 덮여 땅속에 묻힌 철길 위에 녹슨 기관차가 멈춰 있고, 신갈나무가 줄지어서 하늘거리는 광장 뒤편으로는 오래전에 용도 폐기된 용광로가 하늘 높이 치솟아 있다. 'Landi' 혹은 'LaPaDu'로 불리는 이곳은 옛날 제철소였던 곳을 공원으로 만들어 일반인들에게 공개하고 있다. 규모가 230헥타르나 될 정도로 넓다.

루르공업지역은 라인강 하류와 라인강 지류인 루르강이 합류하는 지점인 뒤스부르크를 중심으로 보쿰(Bochum), 에센(Essen), 보트롭(Bottrop) 등 인근의 크고 작은 도시들을 아울러 통칭하여 부르는 명칭이다. 이곳이 소위 독일의 전후 라인강의 기적을 이룬 중심지이다. 이 지역은 산업혁명 이후부터 석탄, 철강생산의 중심지로 각광을 받았고, 한때 탄광회사가 140개나 있었으며, 탄광 종사자는 50만 명에 달했다.

1970년대 이래 개발도상국들의 추격, 독일의 에너지 전환 정책 등으로 석탄, 철강 중심지 루르지역은 쇠퇴의 길을 걷기 시작해서 지금은 탄광회사가 거의 문을 닫았고 몇 개 남지 않은 탄광도 조만간 완전히 문을 닫는다.

철과 석탄으로 쌓았던 과거의 영화가 사라지고 산업쓰레기와 하천 오염, 낡은 하수시설 등으로 황폐화된 이 지역을 연방정부와 주정부, 지역 주민들은 힘을 합쳐 새로운 문화공간으로 조성했다. 철강과 석탄의 중심지인 지역 특성을 살려 1980년대부터 탄광의 샤프트, 기계, 벽돌 등 기존의 산업시설들을 그대로 활용하여 역사와 문화의 현장으로 보존하였다. 한 걸음 더 나아가 이들을 각종 문화시설과 녹지공간으로 만들었고, 일부 탄광시설들은 예술품으로 승화시켰다.

루르공업지역 전체에 산재해 있는 탄광이나 제철소 등 산업시설을 문화시설이나 관광시설로 개발하여 이들 전체를 하나의 네트워크로 연계하여 거대한 '산업문화루트(Route der Industriekultur)'를 조성했다. 이 루트는 길이가 총 400km나 되고, 54개 지역으로 구성되어 박물관, 문화행사장 등으로 사용되고 있다.

'LaPaDu'는 산업문화루트에서 대표적인 볼거리이다. 영국 가디언지에 세계 10대 도심 공원으로 소개되기도 했다. 공장에 남아 있던 대부분의 시설을 그대로 보존해서 박물관과 공원으로 사용하고 있다. 쇠를 녹이는 총 다섯 개의 용광로 설비가 장관이다. 84년 동안 8억 7,000t의 쇳물을 녹여 독일 제철산업의 주춧돌 역할을 했다. 가스를 보관하던 거대한 가스통은 물을 가득 채워 현재 잠수동호회가 사용하고 있고, 콘크리트 기둥은 산악인들의 암벽등반 연습 장소로 이용된다. 여름밤에는 제철소 시설 일부가 극장으로 이용되기도 한다.

## 자전거 찬가

육중한 쇠의 향연을 뒤로하고 배고픈 아이가 잠시 한눈을 팔다 다시 어미의 젖가슴으로 달려들 듯 자전거는 다시 라인 강변을 달리고 있다. 어지럽게 조성되어 있는 항만시설을 여기저기 비껴가다 그만 길을 잃어버렸다. 내비게이션도 작동하지 않는다. 정유시설로 보이는 거대한 원통, 배에서 물건을 오르내리는 하역장비, 철조망과 아스팔트. 자전거와 나는 유럽 최대의 내륙항 뒤스부르크의 항만시설을 빠져나오지 못하고 같은 길을 몇 바퀴나 맴돌고 있다.

길 한가운데 서서 두리번거리는데, 새카만 단발머리의 중년여성이 자전거를 멈추고 다가와서 묻는다. "라인강으로 가려면 어떻게 가야 하는지요?" "저도 초행으로 길을 찾고 있는데, 이 방향으로 가보는 것이 어떨지요?"라고 답했다. 여성은 감사하다는 말도 없이 철조망을 따라 뜨거운 아스팔트길을 달려갔다.

어딘지도 모르는 출구를 찾기 위해 더운 길 위를 계속 헤매기보다는 잠시 그늘에서 쉬기로 했다. 창고로 보이는 거대한 콘크리트 건물 옆에 자전거를 세우고 길 위에 털석 앉았다. 구름은 거의 없고 하늘은 검은색에 가까울 정도로 푸르렀다. 병에 반도 남지 않은 물을 한 모금 들이키고 벽에 기대었다. 내비게이션은 여전히 작동하지 않았다.

　주위가 온통 무거운 철골로 덮혀 있었지만 깊은 산속같이 적막하다. 움직이는 것이라고는 맞은 편 지붕 위에 나부끼는 회사들의 광고 깃발 뿐. 땀이 거의 마르고, 다리의 근육도 제 위치를 찾을 즈음 멀리서 자전거 세 대가 달려왔다. 여자아이 둘과 남자아이 하나다. 남루한 복장에 허름한 자전거, 근처에서 일하는 노동자들로 보였다. 사는 것 자체가 즐거운 듯 표정이 한결같이 밝다. 사람을 보았는지, 아니면, 보아도 못 본 것으로 간주한 것인지, 이들은 쏜살같이 앞을 지나갔다.

　칠레의 시인 네루다(Pablo Neruda)의 〈자전거 찬가(Ode an das Fahrrad)〉의 장면이 한여름 뒤스부르크 항만 뒤 어디선가 아스팔트를 달려가는 세 명의 노동자 모습과 겹쳤다. 원래 스페인어로 써 있는 것을 독일어로 번역했고, 이를 다시 우리말로 번역했기 때문에 제대로 된 번역인지 알 길 없으나, 시는 이렇게 써 있다.

　울퉁불퉁한 길 위로
　발길을 내디뎠다
　태양은

옥수수알갱이와 같이

낮게 드리워져 반짝였다

대지는

뜨거운

끝없는 동그라미

푸른

빈 하늘을 위에 둔 채


바퀴들이

날듯이 곁을 스쳐 지나갔다

그

마른

여름의 순간

유일한 곤충들,

비밀스러우면서도,

서두르듯,

투명한.

이들은 공기의 진동에

다름 아닌 듯 보였다.

노동자들과 소녀들은

자전거를 타고 공장으로 갔다.

눈은 여름에

머리는 하늘에 내맡기고

이들은

어지럽게 흔들리는

딱딱한 안장

위에 앉았다

자전거는

다리와 장미숲과 가시덤불

그리고 오후를

가로질러

질주하였다.


나는 저녁을 생각했다.

젊은이들이

씻고, 노래하고, 먹고

사랑과 인생을 걸며

포도주잔을 들고,

문 앞에는

자전거가

미동도 하지 않고

기다리고,

움직이는 것만이 영혼을 가지고 있기에

거기 기대어 있는 건

여름을 윙윙거리며 지나가는

투명한 곤충이 아니라,

필요할 때

빛이 비칠 때

하루하루가 부활할 때만

오직 살아 움직이는

차가운 해골


여름날 이글거리는 태양, 자전거를 타고 공장의 작업장으로 향하는 노동자, 일을 끝낸 후 선술집에서 왁자지껄 떠드는 이들의 일상 그리고 문밖에서 미동도 않고 해골처럼 기다리고 있는 자전거.

오늘은 라인강 자전거 길에서 벗어나 앞서간 젊은이들을 따라가 이들과 함께 젊은 날의 추억을 되새기며 해 지는 저녁에 차가운 맥주로 칼칼한 목을 축이고 싶다.

거리의 자전거 모형

이제 페달에서 발을 내려 놓아야 할 때다. 여행의 종착지 뒤스부르크 항(港)이다. 독자들과 헤어질 시간이 되었다. 슈파이어 제방길에서 출발해 중간에서 이탈하지 않고 이곳까지 함께해준 분들께 감사의 말씀을 드린다.

어떤 곳은 제목만 거창하고 알맹이가 부실했고, 또 어떤 부분은 좀 더 세밀한 설명이 필요한데 급하게 끝이 났고, 굳이 길게 끌 곳이 아닌데 지루하게 서술한 부분도 있을 것이다. 모두 필자의 지식 부족 혹은 빈약한 필력에 연유한 것이니 독자분들의 바다와 같은 큰 이해를 구한다.

2023년은 우리나라와 독일이 공식적인 관계를 맺은 지 140년이 되는 해이다. 1871년에 독일이 통일되었으니 양국의 수교 역사는 거의 독일 통일 역사만큼이나 길다.

독일은 지금까지 우리에게 매우 우호적이고 친숙하고 이미지가 좋은 나라로 자리매김하고 있다. 특히, 독일은 우리와 같이 분단의 경험을 공유한 나라이기 때문에 다른 유럽 나라들보다 더욱 가깝게 느껴진다. 우리나라 사람들이 베를린 브란덴부르크 문 앞에 서면, 라인강 언덕에서 통일기념비를 바라보면 그리고 본의 총리 관저 담벼락에서 콜과 고르바초프의 대화를 떠올리면 한결같이 드는 생각이 한반도의 통일이다.

우리는 과연 언제 통일이 되는가? 독일의 통일에서 우리는 무엇을 배우고 버려야 하는가?

독일은 세계에서 기후변화 대응, 환경, 탄소중립의 시대를 선도하는 국가로서 우리나라에 시사하는 바가 큰 나라다. 이들의 환경, 숲에 대한 애착은 역사가 길다. 그래서 필자는 이 책에서 비교적 긴 지면을 할애해 독일인들의 내면 깊숙이 새겨져 있는 숲과 나무에 대한 관점과 역사성에 대해 살펴보기도 했다.

그간 독일과 독일의 문화와 역사를 다룬 많은 책들이 출간되었다. 이

책도 그 중 하나다. 엄청난 새로운 정보가 들어 있는 것도 아니고 통찰력 있는 관찰이 있는 것도 아니다. 문장 또한 매력적이지 못하다. 한마디로 특별할 것이 없다. 다만, 여행을 마친 독자들이 오늘밤 잠자리에 누워 라인강이 대체 저자에게 말해준 것은 무엇이었는지, 라인강으로부터 내가 들은 것은 또 무엇이었는지 짧게라도 되새겨보기를 바랄 뿐이다.

참고 문헌

— Deutschlandfunk, 2018.3.18., Bert Oliver Mani

— Grün, Anselm, Heil werden mit Hildegard von Bingen, Vier-Tuerme-Verlag, 2018.

— Unterwegs mit Hildegard, Verlag des Bischoeflichen Ordinariats Limburg, Limburg 2018.

— Kristine von Soden, Der Rhein: Eine literarische Reise von Mainz bis Köln, Klett-Cotta, Stuttgart 2000.

— G.Cepl-Kaufmann und H.-S.Lange, Der Rhein: Ein literarische Reiseführer, Darmstadt, 2006.

— Hupfer, Cordula, Mit Heine durch Düsseldorf,Droste Verlag GmbH, Düsseldorf, 2000

— Zechner, Johannes, Der deutsche Wald: Eine Ideengeschichte, Philipp von Zabern, WBG, Darmstadt, 2016.

— Meyer-Doerpinghaus, Am Zauberfluss: Szenen aus der rheinischen Romantik, zu Kampen Essay

— Kampa, Daniel, Fahrradfreunde: Ein Lesebuch, Diogenes Verlag, Zürich, 2013.

— Arntz, Jochen und Schmale, Holger, Die Kanzler und ihre Familien :

wie das Privatleben die deutsche Politik prägt, DuMont Buchverlag, Köln, 2017.

- Kohl, Helmut, Vom Mauerfall zur Wiedervereinigung, Knaur Verlag, 2014.

- Kuhligk, Björn und Schulz, Tom, Rheinfahrt: Ein Fluss Seine Menschen Seine Geschichten, Orell Füssli Verlag, Zürich, 2017.

- Schwarze, Wolfgang, Romantische Rheinreise, Dr.Wolfgang Schareze Verlag, Wuppertal, 1975.

- MacGregor, Neil, Germany Memories of a Nation, BBC and the British Museum, 2014.

- Schwarz,Hans-Peter, The meaning of Adenauer, Deutsche Verlags-Anstalt, München, 2004.

- Eichel, Christine, Deutschland Lutherland: Warum uns die Reformation bis heute prägt, Karl Blessing Verlag, München, 2015.

- Lever, Paul, Berlin rules, I.B.Tauris and Co.Ltd,London, 2017.

- Dammrath,Siegfried,Duisburg zwischen Traum und Wirklichkeit, Duisburg, 2014.

- Arens, Detlev, Der deutsche Wald: Naturereignis Wirtschaftsraum Sehnsuchtsort, Facketräger Verlag GmbH, Köln, 2010.

- - www.bernd-nebel.de

- Griebens Reiseführer–Band 29, Der Rhein, Verlag von Griebens
  Reiseführer,Berlin, 1923.
- Magris Claudio, Danube(translated from the Italian by Patrick
  Creagh), the Harvill Press, London, 2001.
- Rebscher, Susanne, Die Bundeskanzler und ihre Ämter, Stiftunghaus
  der Geschichte der Bundesrepublik Deutschland, Bonn, 2006.
- APuZ, Wald, Bundeszentrale für politische Bildung, Bonn, 2017.
- Deutschlands Wald im Klimawandel: Eckpunkte und Massnahmen,
  Bundesministerium für Ernährung und Landwirtschaft, 2019.
- Nam June Paik Pre Bell Man: Eine Ikone der Medienkunst, Museum
  für Kommunikation Frankfurt..
- Mythos Varusschlacht, NDR.de–Kultur–Geschichte, 2019.
- General Anzeiger 신문기사 다수, Bonn, 2016.
- Zitelmann, Rainer, Wohin treibt unsere Republik, BoD, 2021
- Alexander, Robin, Machtverfall–Merkels Ende und das Drama der
  deutschen Politik, Siedler Verlag, 2021
- Kampfner, John, Warum Deutschland es besser macht, Rowolht
  Verlag, 2021
- Reichel, Peter, Vergangenheitsbewältigung in Deutschland, Verlag
  C.H.Beck, 2001

- 임석재, 서양건축사 2-3, 북하우스, 2006.

- 김문경, 구스타프 말러, 밀물, 2010.

- 로맹롤랑, 이휘영 옮김, 베토벤의 생애, 문예출판사, 2004.

- 버나드쇼, 유향란 옮김, 니벨룽의 반지, 이너북, 2013.

- 데이비드 맥컬레이, 장석봉 옮김, 성 Castle, 도서출판 한길사, 2003.

- 남효창, 나무와 숲, 한길사, 2013.

- 하인리히 하이네, 김수용 옮김, 독일. 어느 겨울동화, 시공사, 2011.

- 이성일, Johannes Brahms, 그의 생애와 예술, 파파게노, 2001.

- 안동림, 이 한 장의 명반, 현암사, 1988.

- 파독산업전사세계총연합회, 재독동포 50년사, 도서출판 해남, 2015.